O CÓDIGO DA SUPERAÇÃO

Uma fascinante jornada além da conquista

CARO LEITOR,

Queremos saber sua opinião sobre nossos livros.
Após sua leitura, curta-nos no facebook/editoragentebr,
siga-nos no @EditoraGente e visite-nos no editoragente.com.br.
Cadastre-se e contribua com sugestões, críticas ou elogios.

Boa leitura!

José Luiz Tejon

Prefácio do maestro João Carlos Martins

O CÓDIGO DA SUPERAÇÃO

Uma fascinante jornada além da conquista

Gerente Editorial
Alessandra J. Gelman Ruiz
Editora de Produção Editorial
Rosângela de Araujo Pinheiro Barbosa
Controle de Produção
Elaine Cristina Ferreira de Lima
Projeto Gráfico
Neide Siqueira
Ilustração de Miolo
Ed Ribeiro
Editoração
Join Bureau
Revisão
Bete Abreu
Capa
Daniel Pecly
Foto de Capa
www.goodfon.com
Impressão
Assahí Gráfica

Rua Pedro Soares de Almeida, 114
São Paulo, SP — CEP 05029-030
Telefone: (11) 3670-2500
Site: http://www.editoragente.com.br
E-mail: gente@editoragente.com.br

Dados Internacionais de Catalogação na Publicação (CIP)
(Câmara Brasileira do Livro, SP, Brasil)

Tejon, José Luiz
O código da superação: uma fascinante jornada além da conquista / José Luiz Tejon. — São Paulo : Editora Gente, 2012.

Bibliografia.
ISBN 978-85-7312-784-3

1. Autoestima 2. Autorrealização (Psicologia) 3. Conduta de vida 4. Felicidade 5. Motivação 6. Relações interpessoais I. Título.

12-03689 CDD-158.1

Índices para catálogo sistemático:
1. Autoestima : Psicologia aplicada 158.1
2. Mudanças : Vida pessoal : Psicologia aplicada 15 .1
3. Superação : Psicologia aplicada 158.1

Em memória de Benigna Tejon Megido,
Antonio Alves e Rosalinda Hoffmann

Agradecimentos

A Alessandra Ruiz, Luiz Carlos Garcia, Edmea Sanchez, Rosely Boschini, Antonio Abdalla Baracat Filho, doutora Norma Franklin, da Universidade de Tel-Aviv, e Ed Ribeiro, que gentilmente cedeu a obra *As borboletas* que ilustra as aberturas de capítulo deste livro.

Quem prende o corpo pensa que leva a alma.
Mas a alma é ave faminta que não sabe morrer de fome.
A alma é força feminina que se descobre a cada dia,
e o tempo não consegue passar enquanto essa alma não
se acalmar e voar.

Ao final tudo vai dar certo.

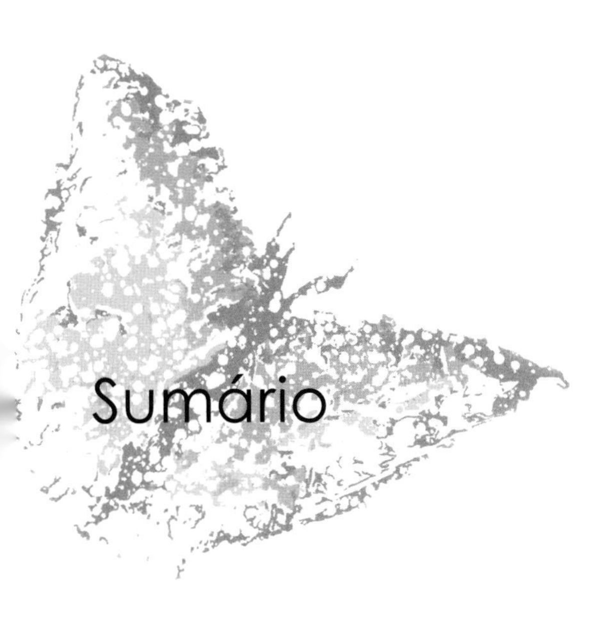

Sumário

Prefácio

Aprendendo a aprender são duas palavras, ou melhor, dois verbos que mostram como mudar ou até salvar uma vida.

Embora eu particularmente tenha enfrentado adversidades durante minha trajetória, aprendi com este livro muitas coisas novas, que talvez até estivessem em meu subconsciente, mas que certamente necessitavam desta leitura.

Amei as reflexões do Tejon sobre a alma e acrescento que uma pessoa pode lidar até com certo humor com alguma adversidade que causou uma deficiência física. Quantas vezes eu mesmo comentei sobre meus problemas físicos de maneira jocosa para demonstrar, antes de tudo, o amor à vida! No entanto, nunca vi uma pessoa comentar com humor sobre uma adversidade que atingiu a alma. Neste caso, a reflexão pode nos ajudar, certamente, nos aproximando de Deus.

Aos 25 anos, depois de sofrer uma embolia pulmonar que me deixou em coma, na cidade de Berlim, tive uma visão: uma carruagem na janela do hospital queria me levar para atravessar uma fronteira invisível, e eu pedia para ficar por achar que tinha muito ainda a fazer musicalmente. Ao ler o texto sobre a janela do hospital, eu me identifiquei ainda mais com este livro.

Que bom ver o mestre Tejon abordar sua infância, as operações às quais se submeteu, sua vida na escola, a criação de um mundo todo seu da janela do hospital, sua relação com a família, seu voo a Tel Megiddo etc.... Com que beleza descreve histórias simples que ficam fascinantes na sua narrativa!

Por que não almejar o sucesso? Qual a relação do sucesso com felicidade? Por que não voar alto, mesmo sabendo que esse voo pode gerar inveja? Como lidar com o êxito? Tudo isso fica fácil de entender na linguagem do meu amigo, que soube tratar o sucesso com humildade.

Li, durante uma tarde, este livro de cabeceira, mas, como diz o autor, o importante é *prestar atenção*. Assim sendo, não vejo a hora de reler para *prestar atenção* de novo em cada frase de um texto que permite a este velho maestro dizer com humildade: José Luiz Tejon Megido, você é o meu herói!

JOÃO CARLOS MARTINS, maestro

A Terra do Sempre

Era uma vez, em um lugar distante, impossível, imaginário (mas real, dependendo da sua fé), duas crianças, dois irmãos, que moravam com os pais. Certa vez, quando brincavam em sua casa, viram o animal mais belo e fantástico pousar no quintal por alguns instantes e voar. Era um pássaro azul.[1]

As crianças ficaram encantadas e resolveram ir em busca daquele pássaro azul. Saíram de casa e foram pelo universo para procurar aquele ser maravilhoso. Em sua busca, cruzaram mares, montanhas, castelos, espaços, visitaram a riqueza, a fartura, a pobreza, viveram a coragem e sentiram o medo. Mas não encontraram o animal mágico.

---

[1] A lenda do pássaro azul existe nos ensinamentos aprendidos com a tradição Tubakwaassu, um povo que viveu nos Andes. Foi levada ao cinema em 1940, alcançando grande sucesso, e nele estrelou a linda menina Shirley Temple no papel de Mytyl, e Johnny Russell como Tytyl, os dois irmãos que partem atrás do pássaro azul da felicidade. Em uma viagem pelo passado, presente e futuro, o filme inicia em preto e branco e vai adquirindo cores, em technicolor, ao longo do andamento.

Um dia, chegaram a um lugar totalmente único. Era uma espécie de estação ferroviária da qual partiam trens para a Terra. Era dali que saíam novas vidas para o planeta azul. Havia milhares de crianças aguardando para tomar o trem.

As duas crianças ficaram observando tudo, maravilhadas com aquele lugar tão fascinante. Perceberam, então, que havia um comandante, uma espécie de maestro de todas as crianças. Ele chamava uma a uma para embarcar, dava a cada uma um dom especial e dizia qual seria seu dever, sua missão, que ela teria de cumprir ao ir para a Terra.

Em outras palavras, ele dizia qual era a coisa mais importante que cada uma, ao nascer de novo, deveria executar com o dom recebido. O maestro sussurrava alguma coisa no ouvido de cada criança antes do embarque no trem. E era permitido a cada uma delas fazer três perguntas antes do embarque, e nada mais.

Maya era uma criança que estava com muito medo e não queria embarcar. Não queria se separar de Lucena, outra criança que amava muito. Porém, era impossível não obedecer ao maestro. Finalmente, chegou a vez de Maya, e ela fez as três perguntas:

"Senhor maestro, o que vai acontecer se eu não me lembrar da minha missão lá na Terra?" E o maestro respondeu: "Sua viagem terá sido totalmente inútil e um grande desperdício para o universo. Haverá consequências".

"E se eu me lembrar da minha missão, mas mesmo assim não conseguir realizá-la?". E o maestro disse: "Você terá metade do êxito, mas deixará de desenvolver todo o potencial e o dom que lhe está sendo dado agora, e que representa o maior de todos os tesouros do universo".

"Então, o que eu posso fazer para ter certeza de que não esquecerei minha missão?". E o maestro explicou: "Não se preocupe e preste muita atenção. Você receberá avisos, sinais e mensagens o tempo todo para lembrá-la de sua missão. Sua grande inimiga será a distração. Preste atenção e não desdenhe de nada, de absolutamente nada, e não se iluda nunca. Preste atenção e aprenda a ver em tudo

um mapa com uma rota que ajudará nas horas mais difíceis. E tenha muito, muito cuidado quando a sensação de sucesso que você estiver sentindo for grande. A viagem será sempre cheia de ciclos e você terá o direito de perguntar; se perguntar com amor verdadeiro, obterá as respostas".

Maya, então, embarcou com os outros. E lá se foram as crianças daquela partida, em um trem lotado rumo à estação Terra. No trem, aparecia escrito:

Origem: Terra do Sempre
Destino: Terra da Passagem

O trem, que andava na velocidade do pensamento, muito superior a um milhão de vezes a velocidade da luz, entrou em um túnel e desapareceu. As crianças nada mais sentiram; apenas o vácuo, a ausência do som, nem frio nem calor, e o total esquecimento.

Aos poucos, foram ouvindo a batida de um coração, como se fosse um contrabaixo e um bumbo pulsantes. Finalmente, chegaram. Renasceram sem nenhuma consciência anterior do local de onde partiram, das outras crianças, do maestro, do trem, da viagem, e muito menos da missão que havia sido sussurrada na alma de cada uma delas. Não sabiam de onde vinham, onde estavam e muito menos para onde iam.

Os que vieram no mesmo trem se dispersaram pela Terra da Passagem, um lindo planeta azul no Sistema Solar da Via Láctea. Um não sabia mais do outro, e tudo aquilo era um começo real, novo. Só restava começar a aprender.

As crianças iam crescendo rápido e o andar distraído era o normal, no meio de bilhões que também andavam distraídas. Porém, muitas tinham claro, ou achavam que tinham, um sentido, uma vontade, um querer para viver ali.

Algumas crianças contavam com a boa sorte de terem pais, guias e mentores que as observavam com amor e as ajudavam no encontro do melhor de seu potencial, educando-as. Outras ficavam soltas, por conta própria, e cabia àquele mundo a responsabilidade de propiciar suas descobertas. E outras, ainda, estavam em casas e lugares em que reinava o abandono e o sofrimento.

As crianças ganharam nomes novos e começaram a concentrar sua atenção em diferentes objetivos. Jonas começou a construir riquezas desde cedo. Foi ensinado pela família a ter grande disciplina financeira e a não fazer bobagem. Nascera para ser rico e fazer fortuna.

Marcela veio ao mundo com corpo de modelo. Bela e orgulhosa de sua beleza, aprimorava cada vez mais esse dom divino. Sua família a estimulava com aulas de ginástica, dança e a arte de desfilar. Ela viera para explorar a beleza.

Francisco precisava ser famoso. Andréa não sabia o que queria. César queria ser tudo ao mesmo tempo. Romão só buscava saúde. Cidinha tinha na cabeça que precisava ser intelectual. Armando era um herdeiro. Joana queria abrir seu próprio negócio. Osvaldo adorava ciência e astronomia. Mario pensava em ser astronauta. Orlando queria ser jogador de futebol. Marisa queria ser jogadora de vôlei. Joaquim só via saída na arte do crime. Alzira ia para a política.

Eram bilhões de sonhos naquele cantinho do universo. Mas as distrações eram também gigantescas.

Silvia estava firme no cumprimento de um de seus talentos. Era uma extraordinária executiva, uma gestora capaz, mas por um infortúnio distraiu-se, perdeu o emprego e não conseguiu mais aprumar-se na profissão.

Arnaldo era um herdeiro e ganhara a posição de presidente de um conglomerado de organizações. Mas o poder do reino das distrações não demorou a aparecer e ele logo se envolveu em uma disputa de egos, realizou investimentos de alto risco e acabou desmoralizado.

Mara era uma boa moça, mas se apaixonou por um vigarista internacional e terminou presa e abandonada pelo seu homem.

Romeu havia criado um império de negócios, mas não fez nenhum sucessor. Ao fim viu tudo desabar e assistiu os negócios irem à falência sem ter quem os gerenciasse.

Ricardo ficou famosíssimo, dirigiu a área artística de uma das maiores organizações de mídia do país, era procurado por todos, mas acabou no ostracismo, ignorado, em um asilo para artistas desamparados, traído por grande arrogância.

Roberto chegou a conquistar uma das maiores fortunas. Vivia focado e obcecado por dinheiro e fama, inventou uma pirâmide quase perfeita para atrair investidores, mas um dia a casa ruiu, seu banco faliu, e ele terminou nas mãos da polícia.

Os dois irmãos que buscavam o pássaro azul assistiam a tudo aquilo da estação de trem, ao lado do maestro.

Após sua longa jornada, o que pediram foi voltar para casa. Era uma casa simples, mas plena de amor, com os pais que tanto amavam. Uma guerra ia se desenvolver e talvez seu pai já tivesse sido recrutado para as frentes de batalha. Despediram-se do maestro dos nascimentos, lá da estação da Terra do Sempre, e em um instante voltaram para casa.

Quando chegaram, os pais explodiram de alegria, pois os procuravam havia dias, e mais felizes ainda ficaram ao saber que a guerra não iria mais acontecer. De repente, quando olharam para a gaiola de casa, onde tinham um velho pássaro preto, viram-no transformado em um lindo pássaro azul, o motivo que os fez sair pelo mundo.

As crianças abriram a gaiola, pegaram o pássaro azul e o acariciaram. A longa viagem dos irmãos Maya e Lucena fez com que enxergassem o que antes não conseguiam ver.

As crianças levaram então o pássaro azul até o bosque e o libertaram. Elas não precisavam mais dele, pois já haviam criado dentro de si o poder de transformar tudo à sua volta. Descobriram que as respostas sempre estão dentro de cada um de nós, naquela caixinha chamada alma, e, para que possam abri-la, é preciso uma longa jornada.

Você deve estar curioso para saber o que o maestro da Terra do Sempre soprava e cochichava no ouvido das crianças antes da partida. Maya e Lucena guardaram esse segredo e vão compartilhar somente com você, mas prometa guardar e zelar por ele com muito amor e fé. O maestro dizia:

*"Inspire a todos com o amor do seu dom. Não se distraia.
Use seu dom para transformar o mundo à sua volta
cultivando a felicidade, a eternidade, a liberdade e a amizade.
Nunca se afaste dele e faça por merecer até seus últimos instantes,
pois esse é o caminho da felicidade e a missão da sua vida.
Vá e lembre-se: faça por merecer."*

Introdução

Sempre que abandonei a vocação e o dom que Deus me deu, me arrependi.

MAESTRO JOÃO CARLOS MARTINS

Não existe quem não tenha algo a ser superado, seja ele uma dificuldade ou um limite próprio. E não existe superação fácil. Em geral, é preciso empreender uma longa e árdua jornada para conseguir transpor barreiras, vencer montanhas, escalar pedras e finalmente chegar ao outro lado.

As situações em que é preciso haver superação são difíceis, adversas, por vezes muito doloridas, complicadas e podem até trazer sofrimento. Enfrentar algo difícil talvez até pareça impossível em alguns casos. Mas nunca é.

Muito já se falou de superação, eu mesmo já escrevi muito sobre isso. Entretanto, não basta superar. É preciso dar um passo além da superação e esse é o grande desafio. Quando você se supera, alcança um estado de vitória, de conquista, o que faz você se sentir um super-homem, e aquela sensação o alimenta por um bom tempo. Talvez a superação tenha até levado uma vida, e a luta para se superar serviu como um grande objetivo, que deu a você uma razão de existir, um motivo para respirar.

Mas o que acontece quando alcançamos esse objetivo e superamos o que mais desejávamos? Depois de passada a euforia da vitória, muitas vezes há um vazio, uma sensação de que tudo acabou. Todo o brilho que tínhamos termina, pois não há mais energia empenhada em vencer.

O segredo para que isso não aconteça é buscar dar um passo além da superação. Sua vida não é feita apenas de uma grande vitória, não é uma guerra de uma batalha só. Mas qual seria esse passo? Como dá-lo? Como ir além?

Para todas as pessoas, existe um código, uma chave, um símbolo... algo profundamente emblemático, que reúne em si um significado mágico que pode nos ajudar a ir além da superação.

Eu tenho o meu. Ou os meus. E cada um tem os seus. Você com certeza os tem. Eu sempre acreditei nisso.

Esse código para ir além da superação é como um amuleto encantado que, quando acessado, desperta a força interna que nos leva a levantar novamente. É um talismã poderoso que não nos deixa perder-nos de nossa essência mais íntima e verdadeira, de nossa missão nesta existência. É como o pássaro azul da história.

Dar o passo além da superação significa encontrar a sua verdadeira missão de vida, que dá razão para você viver não apenas uma luta, mas todas. É o que o faz seguir em frente depois de sair vitorioso e não se acomodar, ou se conformar. É o que faz você alçar voo. O voo dos invencíveis.

Para encontrar esse código que o ajuda a dar o passo além, é necessário fazer uma peregrinação ao fundo do seu ser. Você precisa encontrar sua origem e conhecê-la, e aí encontrar sua verdadeira missão, seu princípio e seu fim. Você precisa voltar para a Terra do Sempre, para lembrar o que o mestre sussurrou no seu ouvido.

Na verdade, todos os dias, a vida nos dá sinais de nossa missão. São como mensagens enviadas da Terra do Sempre para você relembrá-la. São sutis, mas estão lá para que recordemos o que precisamos fazer para cumprir nossa essência, nosso dom. Porém, nós somos distraídos e não percebemos.

O ser humano perde-se no delicioso mundo das distrações. As distrações são como o canto da sereia, que nos desviam da rota e do nosso propósito mais íntimo, do que nos leva até a verdadeira missão de nossa alma.

Nós nos distraímos com o dia a dia, com a rotina do cotidiano, com ilusões de prazeres ou desprazeres, e não damos atenção ao que é realmente importante. Nossos talentos, nossos dons — nossa vocação — são um chamado íntimo para nos tirar desse estado de distração e nos devolver ao cumprimento de nossa missão. Aliás, a palavra vocação vem de *vocatione*, que quer dizer chamado. Significa, segundo o dicionário, "ato ou efeito de chamar". É o sentido do chamamento íntimo, uma inspiração para nunca nos afastarmos de nossa essência e fazermos por merecer, até os últimos instantes, cumprindo o que nos faz felizes, sejam quais forem as adversidades e realidades que precisam ser enfrentadas.

Descobrir o código para dar um passo além das superações é lembrar a missão íntima, única e suprema da sua alma, para que ela dê a você as asas para o seu voo dos invencíveis. Jamais devemos nos distrair e deixar de prestar atenção aos sinais oferecidos constantemente para nos relembrar que devemos transformar o mundo à nossa volta trazendo mais felicidade, eternidade, liberdade e amizade com nossos dons.

Não devemos deixar escapar a chance de descobrir nosso código. Há momentos em que ele está ali, ao alcance de nossas mãos, bem perto, mas parece que escorre entre os dedos e perdemos a oportunidade de ouro de ver o que está escrito no âmago do nosso ser.

Prestar atenção ao prazer do instante é um desses portais de acesso a ele. Hoje investigo profundamente os casos de seres humanos superantes, nas mais diversas situações. E, se pudesse viver de novo, a única coisa que faria teria sido prestar mais atenção.

A grande lição da busca do pássaro azul, portanto, é que o segredo para os nossos voos e para dar um passo além das superações é querer ver. A vontade de ver cria a chance de reencontrarmos nossos dons. É assim que ocorre o voo dos invencíveis, que permite que os eternos regressem à Terra do Sempre.

Todos os dias, eu me pergunto: qual é minha missão nesta vida? Para que estou respirando sobre este planeta azul? Há muito tempo eu queria encontrar a resposta. Eu precisava.

Por isso, um dia resolvi ir atrás do meu código para dar um passo além da superação. De posse dele, eu poderia voar. Eu poderia cumprir o que estava em mim. Eu poderia alçar o voo dos invencíveis. Mas por onde começar?

Como nos contos, é preciso tomar parte em uma jornada, em uma viagem, em uma saga. Precisamos sair de casa, recolher o conhecimento do mundo e beber da sabedoria do universo externo para acessar nosso microcosmo interior. A conclusão só teremos quando voltarmos para casa.

Neste livro, quero contar para você como foi minha jornada, as experiências que tive e a volta para casa em minha peregrinação para achar o código que me permitiria ir além da superação. Convido você a me acompanhar, para que também possa trilhar o caminho que permitirá a você dar esse passo.

Meu nome é José Luiz Tejon Megido.

Um dia, percebi que meu sobrenome — Megido — é a mesma palavra grega que dá nome à colina de Megiddo. É um lugar que se chama Tel Megiddo em hebraico, ou Tel al-Mutesellim em árabe. É a denominação grega do maior campo de batalhas de toda a história, que está descrito na Bíblia, no Livro das Revelações, no Apocalipse de São João: o Armageddon. Alguém poderia perguntar: "Mas nessa história do Apocalipse, escrita nas últimas páginas da Bíblia, existe um lugar físico mesmo?" Sim, esse local existe e fica em Israel.

Megiddo significa "encontro das armas". Destruído e reconstruído 25 vezes, é o local da batalha final entre as forças do bem e do mal que, segundo o que está escrito, deve acontecer no fim de todos os tempos. O fim do mundo de que tanto se fala hoje.

Eu precisava encontrar meu código para alçar meu voo dos invencíveis e, para isso, eu precisava ir ao Armageddon. Eu queria conhecer minhas origens, pois isso me levaria a descobrir meu código capaz de me ajudar a ir além.

Um chamado íntimo me pedia para tangenciar o sutil e rarefeito encontro do mundo real com a metarrealidade. Fiquei possuído pela necessidade de ir a Tel Megiddo, ao Armageddon. Um dia, organizei a viagem e fui.

Quero contar a você como foi essa viagem e convidá-lo a realizar sua própria peregrinação íntima para encontrar a chave que permitirá a você realizar também seu voo dos invencíveis.

Minha jornada abreviará seus passos. Minha viagem poderá ser um atalho para a sua.

Vou contar como aconteceu.

Capítulo 1

Rumo ao fim do mundo

Os bem-sucedidos fazem parte
do grupo de pessoas que não desistem.
LEONARD MLODINOW

Era primavera no Brasil, e eu estava no Aeroporto Internacional de São Paulo prestes a embarcar no jato 777 da El-Al rumo ao fim do mundo: o meu "Armageddon". Carregava comigo pouca bagagem e uma certeza: ao regressar, não seria mais o mesmo da partida.

Ao entrar no avião, não conseguia parar de pensar que estava indo a Tel Megiddo, o lugar da batalha definitiva entre as forças benignas e malignas. As forças opostas de dentro do meu ser também lutariam no maior campo de embate de todos os tempos.

Sentei-me e tentei me acomodar, na medida do possível, naquela poltrona compacta, já que ficaria nela instalado durante as quinze horas de voo de São Paulo a Tel-Aviv.

Após o jantar a bordo, liguei meu Ipod, presente de meu filho. O som era do grupo inglês Def Leppard, que significa, literalmente, "leopardo surdo". Quem conhece rock sabe de sua qualidade, e não é por acaso que essa banda está no mesmo nível de sucesso de vendas das outras quatro mais bem-sucedidas nos Estados Unidos: The Beatles, Led Zeppelin, Van Hallen e Pink Floyd.

Ouvindo acordes familiares daquele rock´n roll bastante significativo para mim, adormeci.

Pedras que rolam

Após um voo sem turbulência, e já em terras estrangeiras, instalei-me em uma pousada de agricultores — um *moshav* — próxima a Tel Megiddo, não perdi tempo e telefonei à doutora Norma, arqueóloga da Universidade de Tel-Aviv, que me ajudaria na empreitada. Combinamos um encontro para a manhã seguinte, bem cedo, em frente à entrada do sítio arqueológico de Tel Megiddo.

Depois de uma noite de sono bastante interrompido, ora pela ansiedade, ora pelo *jet lag*, deixei a cama assim que os primeiros raios de sol insinuaram-se na minha janela. Uma hora e meia depois, o táxi que eu apanhara já me deixava diante do portal do "Armageddon", em Tel Megiddo, que hoje é um parque da Unesco, patrimônio tombado da humanidade.

Em meus ouvidos, os fones reproduziam novamente o rock do Def Leppard. Em minha mente, comecei a imaginar que ali, naquele lugar, foram vivenciados cerca de 10 mil anos (desde 8.300 a.C.) de angústias, sonhos, ilusões, utopias, poderes pequenos e grandes, fama, riqueza, traições, amizades, amores, paixões, desgraças, enganos, desenganos, vidas, mortes, criações, destruições, estudos, ciência, religiões, deuses, dignidades, indignidades... até o abandono, o esquecimento e a redescoberta. A única certeza que eu tinha naquele momento era que, no fim, tudo ia dar certo.

Minha viagem mental foi interrompida pela mão suave da doutora Norma em meu ombro. Depois de breves apresentações, a arqueóloga já começava a me mostrar aquele monte tão antigo quanto representativo para mim.

De repente, vinda não sei bem de onde, rolou até nossos pés uma pedra branca. A doutora Norma abaixou-se e apanhou-a carinhosamente, aninhando-a em suas mãos, como se ali segurasse um tesouro: toda uma carga de riquezas, de sonhos, verdades, desejos e sentimentos parecia emanar da pedra.

Suas palavras saíram com emoção: "Eu sinto a energia de tudo isto aqui. Quando pego uma pedra dessas escavações de Megiddo, o maior campo de batalhas da história da humanidade, eu converso com ela. Essas pedras falam! Elas contam a história e parecem querer nos conduzir cada vez mais ao fundo, ao profundo. É impressionante que quando nos dirigimos ao alto, ao elevado, para descobrir o que não sabemos, somos levados a escavar. Precisamos cavoucar no profundo, rumar na busca do oculto, e então, prestando atenção, um sinal, um instante, uma pétala de aparência será reveladora do portal que amplia nossos sentidos e passamos, então, a ver o que não víamos, a sentir o que não sentíamos. Nesse instante, ultrapassamos o limiar daquilo que nos impedia de ver e de descobrir o que as pedras e os restos do passado insistem em nos ensinar".

Surpreso com o que havia ouvido, assisti à doutora Norma repousar, pacientemente, aquela pedra branca em um canto do chão e seguir pelo caminho.

Em um instante, percebi que aquela pedra vinha presenciando e participando de infinitos sonhos humanos por milênios; ela já havia sido impregnada pelos reflexos dos luares do vale de Megiddo, pela energia do sol, já tinha sido observada por bilhões de estrelas, beijada e inundada pelas torrentes das chuvas, rolada pelos uivantes ventos que adentravam pelo Portal de Salomão. Mas, acima de tudo, ela havia sido transportada de mão em mão por vidas humanas que sempre a trataram apenas como uma pedra inanimada.

Essa mesma pedra desde a idade neolítica viu os impérios egípcio, persa, helênico, romano, bizantino, assistiu às cruzadas, esteve sob os pés de mongóis e otomanos, presenciou a batalha do Monte Tabor, uma das maiores vitórias de Napoleão. De bizantinos, Alexandre o Grande até o Império Britânico, aquela humilde pedra assistiu a uma das últimas batalhas em seus domínios em 1918, sob o comando do general inglês Allenby, e por onze vezes viu o nome Megiddo ser mencionado na Bíblia. Porém, um dia, até as pedras aprendem e adquirem uma espécie de sentimento. Um dia, até as pedras rolam, encontram-se e, ao rolar, cantam e contam.

Sem que a doutora Norma percebesse, apanhei aquela pedra e, rapidamente, acomodei-a em minha mochila de "peregrino do século XXI". Não sei se fiz bem. Era como se tirasse um pássaro de seu hábitat...

Mas é apenas uma pedra! — você poderia pensar. Eu também acreditava nisso. Mas tantas coisas iriam acontecer nos próximos dias que minhas ideias, e o que antes eu pensava saber, iniciariam ali uma imensa transformação.

A pedra de Megiddo, do Armageddon, viria a ser, ao mesmo tempo, destruição, criação e reconstrução; pura transformação, alquimia de átomos, de vidas; design e "*redesign*" das famosas partículas subatômicas de Higgs, que mudam e ampliam tudo o que já comprovamos cientificamente. Só depois eu viria a entender...

Sim, guardei a pedra e trouxe-a comigo. E estou segurando-a neste instante em que conto tudo isso a você.

Capítulo 2

As ilusões e as recompensas

Eu não quero a felicidade dos seres fracos.

DOSTOIÉVSKI

Após aquele primeiro dia de visita a Tel Megiddo, entendi que a questão vital da jornada até o centro da superação de todas as superações era mesmo cavoucar.

Era preciso escavar como um arqueólogo para buscar o tão desejado código de acesso que, ao ser tocado, dito, lembrado, mencionado, escrito, poderia transportar um ser humano, em uma velocidade superior à da luz, a um estado novo e completo de evolução, pois nenhuma velocidade supera a do pensamento.

Não era mais necessário aguardar 10 mil ou 10 milhões de anos, pois a descoberta convicta dessa consciência poderia ocorrer em um estalar de dedos. E esse era o meu desafio.

Na busca do profundo do profundo, do oculto do oculto, na peça final da arte, de uma obra estética, é preciso iniciar com a ética. É preciso se livrar do desnecessário, fazer um descarte consciente. Uma joia rara é o resultado de muito descarte. Desde a árdua mineração até a lapidação. O ouro, a pérola, a prata, o diamante precisam ser aparados, refinados, lapidados. É preciso arrancar tudo o que está a mais e jogar fora até chegar à sua essência.

Michelangelo afirmou: "Eu não faço nada de importante. A escultura já está lá, eu só tiro aquilo que a esconde".

Na agricultura também é assim. Precisamos de toneladas de cana para extrair o açúcar e o etanol. Do refinamento cada vez maior dessa "rapadura" conseguimos a alcoolquímica fina.

Mas, se ficarmos distraídos, apenas encantados com a beleza externa da planta, ou nos contentarmos com as delícias da garapa gelada, estaremos utilizando o mínimo daquilo que a natureza pode oferecer. Esse mínimo pode até suprir alguns poucos, mas só os que não sofreriam pelo desperdício de deixar de lado a riqueza maior.

O ponto fundamental é que as superfícies oferecem sinais que somente os que mergulham no profundo das coisas começam a perceber, e podem interpretar antes que os fatos aconteçam: o sacro poder da incerteza aliado à consciência daquele instante, único e indivisível, fugidio e traído pelo reino das distrações.

Não são todos os que conseguem perceber o diamante ainda na pedra bruta.

A recompensa da alma

Todas as pessoas têm algo a cumprir nesta existência. Uma missão. Se você não gosta do nome missão, escolha qualquer denominação para designar seu "algo a cumprir". Na ausência de outro nome substituto, experimente "o meu porquê" ou use um nome de alguém que você ama muito para sempre. Para mim seria "minha rosa". Mas não vamos nos distrair com nomes e suas interpretações.

É como se fôssemos enviados especiais em nossa missão ou nesse "algo a cumprir", com uma destinação definida que é a razão de nossa estadia aqui. O que ou quem nos enviou escreveu o que cada um deveria fazer em um local bem protegido, de uma maneira que não poderia ser apagada, para que ninguém esquecesse o que tinha de cumprir: escreveu em nossa própria alma.

Quem completa sua missão recebe sua recompensa na forma de felicidade, eternidade, liberdade e amizade plenas durante a vida, a realização total do ser, que nós próprios ajudamos a construir ao exercermos nosso dom. Por isso, a felicidade não é uma promessa, mas o que nós fazemos com o prometido.

Olhar para a própria alma e lembrar o que é preciso fazer deveria ser uma tarefa para todos os dias de nossa vida. Porém, vivemos no reino das distrações.

Estamos rodeados de fatos, coisas, pessoas, situações, ilusões e tentações que tiram nossa atenção do que é mais importante e nos fazem esquecer o que nunca poderíamos parar de lembrar.

Inebriados com perfumes, cores, texturas, sabores e formas, passamos a achar que as ilusões são o real e jogamos o que é de fato real para debaixo do sono do esquecimento, dos sonhos enevoados, e até deixamos de acreditar que aquela missão existe.

"De ilusão também se vive", diz o velho ditado. O mundo ficou repleto de vendedores de ilusões. Somos confundidos pelo torpor, pelas utopias e pelas miragens. São coisas parecidas, mas turvas, intangíveis, que não conseguimos tocar ou apalpar.

Não estou dizendo aqui para parar de trabalhar duro, de estudar muito, de se divertir intensamente, de construir empresas, negócios, de ser um extraordinário profissional, de buscar riqueza, sucesso, fama etc. Não é nada disso. O que digo é que todas essas coisas são meios e jamais o fim. Persegui-las é de grande valia como fonte de aprendizado único. O grande erro é tomá-las como o fim de tudo, pois, se imaginássemos que essas conquistas poderiam servir como fim da nossa razão de viver, estaríamos apostando na inevitabilidade da infelicidade. Elas são legítimas, porém todas irão desvanecer com o tempo.

Como sabemos que "no fim tudo vai dar certo", nossa causa está na metarrealidade e na questão que insisto em deixar, principalmente àqueles que acreditam já terem superado e conquistado muito nesta vida: e agora, o que você vai fazer depois da superação?

Felicidade, eternidade, liberdade e amizade. Eu estava prestes a perceber que não conhecia de verdade o significado das quatro recompensas da existência... E não sabia que deveria ajudar a construí-las transformando o mundo com o dom de minha alma, o que quer dizer reencontrar a mim mesmo.

No Armageddon, calei no silêncio da tarde que caía e escutei as pedras.

Capítulo 3

A felicidade no reino das distrações

Depois do evento, naturalmente, um sinal se torna perfeitamente claro. Conseguimos ver que desastre ele sinaliza, mas, antes do evento, ele é obscuro e repleto de significados conflitantes.

ROBERTA WOHLSTETTER

Estrategista militar, ganhadora da Presidential Medal of Freedom

No dia seguinte, em nova excursão ao sítio arqueológico, a sabedoria contida em minha pedra branca começava a invadir meu ser. Como em uma escavação ao contrário, a pedra do Armageddon me ajudava a iniciar uma jornada rumo ao meu núcleo, como uma sonda enviada em missão de reconhecimento.

Sob os raios do sol israelense, olhei firmemente para aquele mineral e, por um instante, era como se a pedra dissesse:

"Vi reis dos mais poderosos; faraós por mim passaram;
assisti aos mais imbatíveis exércitos do mundo;
ouvi dos arrogantes os maiorais; porém, poucos vi voar.
Descobri, com 10 mil anos de história ao lado dos homens,
e mais milênios da formação geológica da Terra,
que felicidade é coisa da alma".

E concluiu:

"A esperança bem imaginada é sempre a carruagem
que transporta os felizes aos planos mais elevados,
e que sempre, ao final, faz tudo dar certo..."

Aquilo me fez pensar em como buscamos tão ardorosamente a felicidade durante a vida, porém nos lugares em que dificilmente encontraremos, pois o fazemos de uma maneira enganada. Somos ludibriados pelas aparências, pela falsa impressão de que aquilo nos levará a uma condição feliz. São as ilusões e as distrações.

Imediatamente, lembrei-me da história da vida de uma importante executiva. Vou chamá-la aqui de doutora Mariana. Ela não é brasileira e me pediu que não revelasse sua verdadeira identidade. Eu a conheci na minha também jornada de executivo, em negociações internacionais.

Admirava-a como extraordinária mulher de negócios e líder, e a admiro agora, pois sua competência encontrou nova utilidade depois que levantou o voo dos invencíveis. Eis sua história.

Ela morava em São Paulo. Em determinado período de sua profissão, concluiu uma negociação de altíssimo impacto para a corporação global que dirigia, e na qual era responsável por toda a operação na América Latina. Havia sido a primeira mulher no cargo. Para chegar aonde estava, havia superado imensos obstáculos, alterando o padrão do *status quo* de uma sociedade ainda "machista", mas cujos antigos modelos estavam em franca decomposição.

Pelo grande feito, sua assessoria de imprensa ficou ocupadíssima com solicitações de todos os meios de comunicação, que queriam entrevistá-la. De jornais e revistas de negócios, até programas de rádio e televisão sobre celebridades do mundo empresarial, todos queriam falar com a doutora Mariana. Nos dois anos seguintes, ela frequentou capas de revistas, fez aparições especiais em novelas e até foi júri de programas de novos ídolos.

Os negócios resultavam em lucros crescentes, com novos lançamentos de produtos e de pontos de venda. A doutora Mariana recebia inúmeros convites para palestras sobre "as leis do sucesso na vida". Ela havia se tornado o exemplo atual do que poderia significar a palavra sucesso.

A doutora Mariana ficou envolta em uma bolha de êxito, na qual o sucesso empresarial, o *status*, a fama, o assédio e a admiração dos seus iguais, e de muitos que à mesma coisa aspiravam, cada vez mais a afastavam da busca do profundo da sua alma. Ela estava distraída pelo orgulho, pelos artefatos da tecnologia, pelo poder, pelo reconhecimento da fama, pelo dinheiro e pelos bens. E esqueceu-se de si mesma.

A fina mas aparentemente grossa e impenetrável camada superficial das muitas e deliciosas distrações conduziram a doutora Mariana por um túnel repleto de anestesias que alimentavam seu ego, que, consequentemente, passava a engordar de uma maneira assustadora.

Porém, como as forças do universo estão sempre sendo temperadas pelo alucinante ritmo das transformações, toda criação exige lapidação, e, por isso, acontece a destruição criadora. E parece que o mundo não sossega, não para, não se aquieta.

Era inevitável que, no íntimo da bem-sucedida doutora Mariana, iria começar um Armageddon pessoal. A frase que Nietzsche escreveu em seu livro *Assim falou Zaratustra* resumia bem o que estava prestes a acontecer: "Quanto mais quer crescer para o alto e para a claridade, tanto mais suas raízes tendem para a terra, para baixo, para a treva, para o mal... Querendo alcançar as livres alturas, sua alma está sequiosa de estrelas. Mas também seus maus impulsos têm sede de liberdade!".

Enquanto doutora Mariana se considerava invencível no papel emprestado e incorporado de líder empresarial e de mulher de grande sucesso, acionistas de sua corporação, no exterior, frente às crises, decidiam vender a companhia para um fundo de investimentos, que tiraria proveito da sinergia estrutural, diminuiria custos e ampliaria a escala. A doutora Mariana iria perder seu palco.

Ela, que orientou sua vida para a interpretação daquele papel de êxito em uma arena montada artificialmente, agora iria perceber que havia a possibilidade de muitas outras vidas diferentes do lado de fora daquele teatro.

Teve um ótimo pacote de benefícios por sua saída da organização. Não teria problemas financeiros; ao contrário, ficaria muito bem materialmente. Porém, com o passar do tempo, a doutora Mariana sentiu que suas "amizades" sumiam. Percebeu que não era mais "fonte" para os jornalistas. E que aquele cenário com o qual estava muito acostumada já não existia mais.

Começou a ter de fazer um mergulho interno, a soltar sua sonda rumo à alma. Concluiu que sucesso era algo importante, desde que não fosse sinônimo de felicidade. E que felicidade era alguma coisa que precisava fazer parte do eterno, do aqui, do já. O sucesso, se não estivesse a serviço da felicidade, seria apenas mais uma alucinação distraidora, que nos afasta ainda mais do portal que permite que superemos tudo o que é necessário e encontremos nossa verdadeira missão.

Porém, como disse minha pedra, "no final, tudo sempre dá certo!". O mundo em si se incumbe de trazer os professores certos para as aulas que ainda precisamos assistir. É a lei da inevitabilidade. Cair na realidade é admitir que só existem duas formas de vida: ou estamos aprendendo ou procuramos culpados pelos nossos fracassos.

Passados alguns anos, a doutora Mariana decidiu que ainda era tempo de ter um filho. Sua idade avançada para a maternidade fez com que precisasse se dedicar a tratamentos. Mas ela foi premiada com um lindo bebê. Um menino. Porém, a criança trazia consigo uma excepcionalidade. Era um ser diferente.

No início, ela chorava e perguntava: "Qual era a razão daquilo? Por que isso foi acontecer logo com ela?". Foram meses difíceis, árduos. Ao mesmo tempo em que se desdobrava em cuidados especiais, sentia um rasgo de revolta, culpa e tristeza no peito. Sua cabeça vivia atordoada com pensamentos e conjecturas.

Mas como a esperança é sempre a embalagem da felicidade que em algum momento há de vir, um dia a antiga mulher de negócios conheceu um casal que tinha um filho com o mesmo problema que o seu.

E o casal fez uma pergunta mágica para a doutora Mariana, que mudaria sua vida projetando-a rumo à descoberta de sua missão: "Doutora Mariana, com seu talento e seus conhecimentos no mundo dos negócios, por que não assume a presidência executiva de nossa entidade sem fins lucrativos e a transforma em um exemplo de excelência?".

Aquele era o sinal, o momento, o encontro. Aquele era o instante em que, a partir da superfície da vida, uma fenda vertical abria-se e permitia a descoberta de uma passagem para longe das distrações que nos afastam de nossa essência, e para perto do que nos leva ao encontro do que nos faz superar toda e qualquer dor, dificuldade e barreira. É quando nos lembramos do nosso compromisso de alma.

A doutora Mariana tornou-se, então, a dirigente de uma importante organização mundial de ciência, pesquisa e cuidados de crianças excepcionais. Seu talento de competente executiva encontrava uma nova utilidade. Sua vida adquiriu novo sentido.

E, como bônus, aquilo tudo fez com que fosse convidada para ser membro do conselho de administração de empresas com fins lucrativos. Sua jornada de sucesso não havia sido em vão. Porém, algo maior passou a impulsioná-la. Não era mais a fama, o poder, o dinheiro para si, mas tudo que poderia fazer para ajudar crianças e aquela entidade.

Sua competência de líder serve hoje para a vigilância dos valores, para a administração, construção de equipes e estímulo ao voluntariado. Sua imagem de ser humano capaz serve para atrair fundos que são aplicados à qualidade de vida de crianças excepcionais, de suas famílias e da dignidade humana.

Aquele filho especial desempenhara o papel de professor das aulas que a doutora Mariana ainda precisava assistir para alçar seu voo dos invencíveis. Ouvi o que falava minha pedra do Armageddon:

> "Felicidade é quando acessamos partes legítimas do compromisso da nossa alma, ou quando encontramos o poder de criar onde antes não havia nada!".

Isso me fez lembrar um dia em que fui dar uma palestra na Associação de Assistência à Criança Deficiente (AACD), em São Paulo. Lá chegando, desde a portaria, seguindo pelos corredores daquela nobre instituição, uma observação refletiu o realismo da vida: havia muito mais mulheres — mães — cuidando e levando crianças que homens. Curioso.

Após a palestra, já na saída, vi uma cena que foi o verdadeiro prêmio por ter usado meu tempo e ido até lá. Vi um carro da prefeitura que transportava pessoas deficientes estacionando diante da instituição. A porta se abriu e de lá saiu uma mãe sorridente, alegre, com altivez de espírito. Ela deu a volta no carro e começou a tirar sua filha de lá de dentro. Brincava com ela, sorria. Parecia que ambas, mãe e filha, estavam adentrando a Disneyworld, ou correndo para saborear o sorvete mais gostoso do mundo.

Passaram por mim transmitindo tanta esperança, alegria e felicidade, que esses sentimentos me transpassaram e se aninharam dentro de minha alma. E tive uma visão clara: o que forma seres humanos líderes e sadios desde a tenra idade é a felicidade. Não a felicidade superficial dos fracos, que existe no reino das distrações, mas aquela real. Pessoas felizes criam seres humanos felizes, e o oposto resulta em grande desgraça.

A desgraça que um criador infeliz causa em suas crias significa, como regra, um resultado transfigurado para o mal, ainda que muitos transmutem esse sofrimento íntimo na busca de patrimônio, poder, fama, riqueza, *status* etc. É como no filme *Cidadão Kane* de Orson Wells, que continua sendo um marco histórico. Se você ainda não o viu, veja; vale cada instante. Nele descobrimos o milagre de "Rosebud", um trenó, um brinquedo simples e humilde na casa em que Kane foi criado ao lado de sua amada mãe. Lá havia a chama eterna da felicidade.

Eu nunca considerei muito agradável aquele velho lema dos antigos: "Deus escreve certo por linhas tortas", mas, depois de tantos casos estudados, preciso reconsiderar. Do que consideramos erros e azares nasce a grande maioria dos nossos acertos, sorte e sucesso, basta prestar atenção.

Um bom exemplo disso aconteceu com meu querido amigo Alexandre Costa, hoje dono da empresa Cacau Show, a maior franqueadora de chocolates do mundo, que foi meu aluno em um programa da ESPM, na década de 1990. Alexandre começou seu negócio com um capital de 500 dólares, emprestados por um tio, e utilizando a rede de vendedoras porta a porta que trabalhavam para a empresa dos seus pais.

A primeira venda foi de ovos de páscoa, mas Alexandre cometeu um grave erro de administração. Sem controle, as senhoras vendedoras venderam ovos de páscoa de um determinado tamanho que ele não tinha para entregar. O fiasco estava armado. Um erro. Alexandre revirou São Paulo, procurando um atacadista que tivesse ovos daquele tamanho para que ele pudesse comprar e honrar a venda da equipe de mulheres vendedoras da empresa dos pais. Por azar, ninguém tinha.

Em uma dessas buscas, entrou em outro atacadista, contou seu problema para o balconista e, ao lado dele, uma senhora, um anjo salvador, o ouviu e disse ter equipamento para produzir os ovos. A primeira lição, um erro, um azar e o encontro da solução. Pela lei do acaso, aquele anjo estava ali, exatamente naquele instante, e naquele mesmo momento ouviu, compreendeu, agiu, fez, sentiram e depois pensaram, e trabalham juntos até hoje.

Minha pedra continuou dizendo:

"Solte a sonda rumo à alma, não importa o que esteja fazendo agora, onde esteja, se na riqueza, na fama, ou se na dificuldade, no ostracismo; solte a sonda d'alma, busque o profundo do profundo. Qualquer ponto de partida vale. Vi os que conseguiram voar o voo dos invencíveis nas batalhas do maior campo de guerra do mundo, Tel Megiddo, o Armageddon".

Novamente, minha pedra do Armageddon calou-se. Seu silêncio me ensinou e inspirou.

Suspeitei que eu estava começando a compreender o que era a verdadeira felicidade.

Capítulo 4

A eternidade no reino das distrações

O homem é o que ele quer ser e se identifica com o que ama.
O que ele recebe do universo ou dos outros homens
é apenas o reflexo dos rostos que ele lhes oferece.
Lc 6,37; 41-42

Todos os dias, eu caminhava cerca de quatro quilômetros da pequena pousada de agricultores onde me instalei até Tel Megiddo. Pela estrada, a pé, via a elevação do sítio arqueológico se aproximando. Suas ruínas, suas pedras sobre pedras traziam a visão e a sensação do eterno... as palmeiras lá plantadas durante o domínio do império britânico ampliam a percepção de um jardim suspenso, à distância.

E o eterno me fez novamente pensar.

Naquele mesmo terreno que agora eu pisava, durante milênios carruagens de fogo fizeram a guerra, lutaram pelo domínio de mercados e combateram a desconfiança e a traição de aliados; aqueles que ali passaram conviveram com as ilusões de um poder único, central e que parecia que não acabaria nunca.

A sensação de um "sempre" é muito interessante para um observador. As pessoas não estão mais ali. Porém, as pedras continuam as mesmas. Elas se esforçam para que possamos prestar atenção ao que o passado tem a nos dizer.

Só que naquele dia, a pedra do Armageddon estava mais calada do que nunca.

Aquele lugar vazio começou a me trazer um sentimento de abandono. Aquela ausência me fez refletir que a pior de todas as torturas é o abandono. Ser abandonado pelas pessoas, pelo mundo, pelas situações é a raiz de um grande mal.

Quando nós próprios nos abandonamos, descuidando-nos de nos transformar todos os dias em alguém melhor, nosso destino é ficar como as pedras. Petrificados, podemos ver, sentir, ouvir, porém jamais nos manifestar. Permanecemos vivos, mas ficamos inanimados. O abandono nos enrijece, endurece, resfria, congela até virarmos o pior estado da vida, o não estado. Ficamos, como as pedras, apenas fazendo parte de ruínas, como era aquele lugar.

Minha pedra do Armageddon continuava silenciosa e pétrea, especialmente naquele dia.

Entretanto, a vida conta com o imprevisível, os acasos, as coincidências e as felizes sincronicidades. De repente, todo aquele lugar foi invadido por um estrondo de turbinas. Sobre minha cabeça, aviões caça militares cruzavam os céus de Armageddon. Meus olhos se ergueram para o alto, mas era impossível vê-los; apenas o barulho fazia vibrar todo meu corpo.

Operações de treinamento da força aérea de Israel eram constantes. Serviam como um despertador, cujo ronco faz acordar e rememorar a jornada humana. As pessoas daquele lugar — da loja, do posto de gasolina, da lanchonete, da hospedaria do meu amável agricultor — pareciam não ouvir mais o gemido agudo daqueles dragões aéreos. Os sentidos também nos abandonam.

Naquela primeira vez que ouvi o cruzar dos aviões bem ali, no espaço aéreo do Armageddon, fiquei atordoado. Mas, com o passar dos dias, logo iria me acostumar, ou seja, meus sensores auditivos também iriam me abandonar e apagar aquele som perturbador. É curioso como conseguimos ignorar os sinais que nos fazem sentir vivos.

Minha pedra não resistiu. Incomodou-se e falou. Eu calei o silêncio e escutei:

"O abandono só pode ser superado pela força vivificante da criação".

Refleti: para sair do estado de abandono, é preciso colocar um motor superante em ação. Só a criação poderia trazer vida mais uma vez àquele lugar de ruínas. Por isso, precisamos criar, trazer vida novamente sempre. A criação exige energia, ordem e um amor fecundante.

É como uma casa abandonada e semelhante a quando seus donos saem de férias. Aos poucos, o que deteriora por falta da vida irrompe. O mato domina o jardim. O limo toma conta das paredes pela umidade. A sujeira acumula-se. O que era vivo morre ou apodrece. A casa enruga, fica triste. A partir de certo ponto, sua deterioração aumenta rapidamente. A casa abandonada começa a se destruir de dentro para fora.

Ao sentir o gosto do abandono, outras forças externas, que também desistiram de si, ficam impregnadas na casa abandonada. Passam a consumir como vampiros o que ainda poderia restar de salvamento daquela construção. Parasitas ativos e passivos encontram o ambiente ideal. Em seguida, surgem os predadores sugadores das energias abandonadas.

A casa abandonada só poderá ser salva, resgatada, reconstruída, se conquistar um novo dono, alguém que expulse o mofo, o mato, a sujeira, que limpe e pinte, que abra as janelas para que os raios de sol purificadores entrem e façam a vida voltar. Somente a alegria, a brincadeira, a alma infantil que teima em permanecer criança pode criar abundância onde antes havia a miséria.

Caso contrário, só as pedras continuarão, permanecendo para compor ruínas.

Conversei com Pelé depois que ele voltou da visita que fez às regiões afetadas pelo terremoto e pelo *tsunami* de 2011 no Japão, e ele disse: "Vi os adultos sofrendo e tristes pelo acontecido, porém, ao lado, simultaneamente, vi as crianças correndo, brincando e jogando futebol!".

No universo, há uma abundante oferta de vida, de oportunidades, de caminhos para superação. Recebemos diariamente doses poderosas de novas chances. O acaso nos é extraordinariamente mais bondoso que perverso.

Porém, como somos dirigidos pelas forças interiores, e como nos transformamos naquilo em que colocamos o foco da nossa atenção, não agarramos a oportunidade, não percebemos e, mesmo quando temos fartura de sorte, de riqueza, de saúde e de amor, teimamos por insistir em desperdiçá-las.

Desdenhamos, reclamamos, jogamos luxo no lixo todos os dias. Esse mal que fazemos por não aproveitar oportunidades vem de nossa indiferença. É quando não nos preocupamos. E é exatamente na indiferença que preparamos o ambiente para o venenoso abandono.

O eterno e o abandono

Mas eu falei do eterno. O que ele tem com isso? Tudo. Somos nós que esquecemos que o eterno existe, que o abandonamos e o deixamos de lado, acostumados com as ilusões da vida.

Paramos de pensar que ele existe, da mesma maneira que passamos a não ouvir o ronco do avião. Por isso, não voamos e ficamos no chão. Não criarmos novos estágios para nossa vida, não trazemos energias vitais transformadoras, ascendentes, para nossos dias. Às vezes, voamos um pouquinho, mas logo nos acomodamos com os pequenos voos.

Quando alguém voa alto, a distância é tão grande que não conseguimos conversar com aqueles pássaros. A inveja aparece e ficamos torcendo para que, lá do alto, esses voadores tenham quedas cinematográficas para simplesmente confirmarmos nossa tese covarde sobre a impossibilidade de voar. Mas quem teme perder já está vencido.

Fazemos nossa vida só para o agora, o que é diferente de curtir o sabor do instante, porém nem de longe imaginamos que nossa vida é somente o agora, o "*nowismo*", uma tendência ilusória e alucinatória que desgraça vidas ao longo do mundo inteiro, e que justifica para milhões a infelicidade da busca dos truques traiçoeiros para viver bem, obter fama e prestígio no curto prazo, como se essa estrada pudesse ser asfaltada nas tentações da mentira ou do autoengano.

Ao confundir o sacro poder do instante com fazer nossa vida só para o agora, não nos importamos em deixar algo para o mundo, um legado que não morra, que fique depois que não estivermos mais aqui. Somos indiferentes à ideia de virar uma estrela brilhante no céu, que pode ser vista de qualquer lugar na Terra. Nós nos conformamos em ficar com os pés no chão e permanecer só aqui, só agora. E sumir como poeira na estrada, esquecida por quem passa em alta velocidade, como bilhões passarão. Você guarda alguma memória de seus ancestrais, tataravôs, bisavós, de seu pai e de sua mãe, de você mesmo? Se deixássemos de viver hoje, por que legado você gostaria de ser lembrado?

Patrick Sweeney e Herb Greenberg escreveram o livro *Succeed on your own terms*, lançado no Brasil com o título *O sucesso tem fórmula?* Samuel Pizar, cuja história figura ao meu lado e ao lado do maestro João Carlos, no livro, tem uma passagem fascinante, que integra o sagrado poder do instante com a lei do acaso: foi salvo na antecâmara da morte por gás, por ter visto um balde e uma escova no chão da sala. Debruçou-se sobre o balde e começou a esfregar o chão. Todos pensaram que ele era o faxineiro e ele não foi mandado para a morte.

Meu arrependimento sobre a fuga dos milhões de instantes que desperdiçamos na vida é que tive ao meu lado por muitos anos um sobrevivente de campo de concentração da Segunda Guerra Mundial, e nunca tive a curiosidade de conversar detalhadamente com ele sobre essa arte de ter passado a guerra quase toda prisioneiro, ter sobrevivido, reconstituído a família e vindo para o Brasil trabalhar e apagar todas aquelas lembranças da sua mente. Esse homem era Gino Falasca, meu primeiro sogro. Fiquei ao seu lado e desperdicei gigantescos conhecimentos de vida real. O quanto fizemos isso na vida, e continuamos fazendo?

O aqui e agora, o presente, é algo que jamais se repete. Ele vale como uma marca que é transferida de ponto a ponto a cada instante. O ponto presente vale para termos uma posição, de momento, sobre onde estamos. Mas sem o sentido de continuidade, de permanência, pois é passageiro. Não fica. Não se eterniza. É quando o tempo escorre pelos nossos dedos sem que façamos nada com ele.

Preferimos ficar no conforto, sentados em um canto no fundo do quintal, brincando com nossas distrações. Ficamos ali amuados, quietos, acomodados. E quando vemos, lá no céu, os viajantes voadores invencíveis, ficamos incomodados. Os indiferentes ficam incomodados pelos que fazem algo para a eternidade. Em uma empresa, na escola, no condomínio, os mais talentosos, os mais realizadores provocam e incomodam os que abandonaram a chance de fazer algo que permanece.

Precisamos reeducar o foco de nossos olhares, das nossas atenções, e principalmente ensinar as crianças a olhar desde cedo. O mundo é um negócio de oferta. A riqueza é o talento de colher na abundância das ofertas. Existem as ofertas visíveis e as invisíveis.

A ciência e a tecnologia inovam e descobrem realidades novas a cada dia. E tudo é feito a partir do simples, de poucas ferramentas disponíveis, apenas recombinando o que já temos disponível há milênios.

Os criativos fazem músicas novas todos os dias com as mesmas notas: dó, ré, mi, fá, sol, lá, si. Com o sistema decimal, de zero a nove, com dez algarismos, a engenharia e a matemática constroem o mundo. Com quatro bases nitrogenadas no DNA (A, T, C, G), a genética humana cria bilhões de seres todos diferentes. Com o zero e o um, no mundo binário são escritos intermináveis programas que movem os computadores. Os pintores usam sete cores básicas do arco-íris e fazem as mais sensacionais obras de arte, de inúmeras nuances. Com as mesmas vinte e tantas letras do alfabeto, escrevemos infinitos textos, obras, livros, e não paramos de registrar ideias, sonhos e pensamentos, mandar mensagens e nos comunicarmos em não apenas um, mas em diversos idiomas.

Criamos o mundo recombinando alguns poucos elementos. A eternidade é a possibilidade do potencial da vontade humana criadora.

"Onde não houver uma alma,
é possível criar uma e fazê-la voar."

Isso é o que dizia minha pedra do Armageddon, insatisfeita pelo momentâneo abandono que sentia, por me ver absorvido no interior de meus segredos. Descobri que até as pedras choram, quando sonham sozinhas no mesmo lugar.

Por isso, é preciso criar para tirar sua vida do abandono. Sempre é possível fazer alguma coisa.

Lembrei-me da história de seu Zé. Na cidade de Araras, interior do estado de São Paulo, há uns sessenta anos, havia um homem que trabalhava na roça. Fazia do trabalho braçal a fonte dos recursos para sua família. Todo dia, seu Zé coçava a cabeça e imaginava o que poderia fazer para melhorar de vida, para ter mais conforto e oferecer mais para seu pessoal.

Aos domingos, ele ia à igreja matriz da cidade. Ficava observando que a população, nos fins de semana, reunia-se na praça da igreja. Usando o melhor da sua cabeça para pensar e prestar atenção às "ofertas generosas" do mundo, veio em seu pensamento um momento da infância. Seu Zé lembrou-se do sabor, do cheiro e do tato de uma pipoca que compartilhou com o pai, quando era criança, em uma quermesse da sua cidade natal.

Naquele instante, motivado pela luz de uma recordação, por uma pequena janela inspiradora, uma brecha da superfície do mundo, abriu-se um canal transformador e ascendente para sua vida. Ele decidiu que iria arrumar um carrinho de pipoca e venderia nas noites de sábado e domingos em frente à igreja.

E assim fez. Porém, como tudo o que fazia era bem feito, trouxe para a sua pipoca também o prazer de caprichar. Seu Zé não era só bom de roça; queria ser também o da melhor pipoca.

Um tempo atrás, sessenta anos depois da decisão do seu Zé, estou eu em Araras passando de carro em frente à linda igreja da cidade. Era noite, mais ou menos 20 horas. A duas quadras dali, um congresso de professores me aguardava para uma palestra. Quando passei diante da praça, percebi algo muito estranho. Havia cinco carrinhos de pipoca no lugar, mas só em um deles havia uma fila com várias pessoas para comprar pipoca.

Estranhei, mas não comentei nada com Xavier, o motorista que me leva quase sempre aos meus compromissos. Por essas coisas da lei do acaso, do imprevisível, erramos o caminho e precisamos retornar, passando novamente pela mesma praça e pelo mesmo lugar. Falei então ao Xavier: "Olha que coisa maluca! Ali há cinco carrinhos de pipoca e apenas em um deles existe uma fila para comprar pipoca. O que é isso?".

No final do compromisso, fui até a praça e vi o mesmo fenômeno da fila se repetindo. O carrinho lotado de clientes era do seu Zé, agora Zé da Pipoca. À frente do "empreendimento" do seu Zé estava Marlene, que agora é quem cuida das vendas. Conversando com ela, me contou que o fundador já havia falecido, mas o negócio continuava sendo administrado pelos parentes.

Experimentei a pipoca. Era muito boa, diferente! Tinha pedaços de queijo provolone. Que gostosa! A moça que atendia no carrinho do seu Zé da Pipoca só cuidava do ensaque e do atendimento. Ela fazia pequenos lotes, para ter sempre pipoca quentinha. Marlene cuidava do caixa, para não misturar uma coisa com a outra. No carrinho, um cartaz bonito dizia: "Pipocas Seu Zé. Desde 1951. Tradição de Araras".

Às sextas, aos sábados e aos domingos, na rua ao lado funcionava até um *drive thru* público de pipocas: as pessoas vinham de outras cidades para comprar as pipocas do seu Zé. Com o mesmo carrinho de pipoca, e com a antiga pipoca, aquele homem criou e melhorou a vida dos filhos, noras, genros, netos e ainda criou uma "marca" que os transporta ao futuro, que se eternizará se souberem cuidar dela como têm feito ao longo de 60 anos.

"Tudo nos é dado.
É só não nos distrairmos e aceitarmos
as intermináveis ofertas da vida."

Era o que lá do fundo da minha mochila refletia a minha pedra do Armageddon. Então é o abandono o que não nos permite dar os saltos ao eterno? O abandono de nós mesmos é o principal "anticódigo" para toda e qualquer superação.

Clarice Lispector, um marco na literatura brasileira, afirmava que "a única coisa inaceitável em um ser humano é desistir de si próprio". O ponto é saber: onde é que está mesmo esse "si próprio"?

Estamos tanto na superfície de nós mesmos quanto no profundo. Nossas aparências são brinquedos para penetrarmos no oculto; descobrirmos as passagens para a felicidade do eterno, o que representa soltar as asas da alma.

Só os leves voam. Mas e o mais pesado que o ar também não voa? Sim, voa: aviões, naves espaciais, pássaros; porém, precisam do movimento, da ação, da velocidade, para poderem compensar seu peso.

Minha pedra do Armageddon, já muito saliente e intrometida, agora confiante pelo carinho que se acostumava a receber de mim, manifestou-se:

"Aprendi a caminhar; desde então, gosto de correr.
Aprendi a voar; desde então, não preciso de que
me empurrem para sair do lugar".

Sim, pedra do Armageddon, mas não se esqueça de que nem você é eterna, pois a decomposição terminará por consumi-la um dia, ou fragmentá-la; porém, mesmo em sua menor partícula indivisível com certeza há o dom da eternidade.

Um lindíssimo rock dos Titãs, composição de Arnaldo Antunes, Marcelo Fromer e Sergio Brito, irrompia no meu Ipod; por mais uma dessas coisas do inexplicável, naquele exato momento dizia:

Bebida é água
Comida é pasto
Você tem sede de quê?
Você tem fome de quê?
A gente não quer só comida
A gente quer bebida, diversão e arte
A gente não quer só comida
A gente quer saída para qualquer parte
A gente não quer só dinheiro
A gente quer dinheiro e felicidade

Temos o compromisso com a eternidade. A desistência da vida, o abandono do que nos cerca, a ausência da consciência criadora de uma alma em nosso corpo impedem qualquer chance de alçarmos voo. Mas, se andamos entre pedras, terminamos sempre por tropeçar nelas. Assim é a vida.

O amor nunca abandona

Meio-dia em Tel Megiddo. Eu estava com fome e saí para procurar algo para almoçar. Na estrada próxima havia um acampamento dos *druzes*. Trata-se de uma comunidade bem isolada, que tem por hábito só se casarem entre si, pois acreditam na reencarnação entre eles. E, como a vida sempre nos apresenta os professores que merecemos para as aulas que ainda não frequentamos, lá fui eu tropeçar em mais uma bela lição.

Na estrada, uma barraca de um casal *druze* vendia umas tortilhas gostosas, feitas na hora, com temperos e vegetais de recheio. O silêncio reinava. Um velho com jeito de mestre chegou à barraca e começou a falar ao casal em um inglês rústico. Como ele ia desenvolvendo sua história, comecei a achar que era para mim que o velho falava.

Ele contou:

Meus amigos, vocês acham que todo abandono é um mal? Vou contar para vocês a história de uma mulher. Uma mãe teve sua criança e tentou de tudo para poder ficar com ela. Passava fome, vivia sem ter onde morar. Sofria com a chuva e com o vento. A mulher era perseguida na aldeia em que morava. Um dia, passou uma caravana na estrada e um casal se apiedou e se apaixonou pela bela criança. Fizeram então uma proposta: levariam seu filho, cuidariam dele como um rei, desde que jamais, em tempo algum, ela se apresentasse como mãe da criança, e que jamais o procurasse nem o visse.

Aquela mulher pensou, imaginou a vida feliz que seu filho teria, bem cuidado, alimentado, com roupas, escolas, amizades. Aquele casal era comerciante e daria tudo o que ela não poderia dar ao seu filho.

Em uma decisão de extrema generosidade para com a vida de outro ser, decidiu entregar seu filho. Essa mulher praticou um abandono. O casal de comerciantes estabeleceu-se em uma próspera cidade não distante da aldeia em que a mulher morava. Ficaram ricos. E, ainda que à distância, ela acompanhava o destino daquela família que guardava agora o seu bem mais precioso, seu filho.

Ela era a mãe desconhecida. Ele recebia as bênçãos de um abandono. Soube de uma grande festa, que ia reunir as duas famílias mais proeminentes daquela cidade. Era um casamento. Ia casar-se o filho que era seu com uma bela moça. Não resistiu e viajou para a cidade, no dia do casamento. Do lado de fora do castelo, que foi aberto para que o povo visse a cerimônia, a mãe assistia.

Ficou plena de orgulho ao ver o belo homem que seu filho havia se tornado. Em uma das coincidências da vida, a carruagem aberta com os recém-casados que desfilava pelas ruas passou bem ao lado daquela mãe que chorava de alegria e de gigantesca felicidade por ver o resultado dos seus atos anônimos. O lenço que o rapaz segurava foi soprado pelo vento e caiu no chão justamente ao lado da sua legítima mãe.

A mulher, desesperada, pegou o lenço e correu atrás da carruagem. O rapaz, vendo-a com o lenço na mão, ordenou que a carruagem parasse.

O rapaz recebeu o lenço das mãos da mãe desconhecida e, em um desses reflexos em que somos dominados por uma força que nos leva a fazer algo sem que saibamos bem por quê, beija o lenço e o devolve para aquela que jamais voltaria a ver um dia.

"O que vocês acham desse abandono?", perguntou o velho. E partiu antes que alguém falasse alguma coisa. O casal *druze* continuou a preparar as deliciosas tortilhas sobre uma chapa de ferro com carvão embaixo. Ambos sorriam e, do jeito deles, expressavam o acolhimento a um estrangeiro que preferiu comer ali, em vez de ir a uma rede de fast-food famosa que existia por perto, na mesma estrada.

Minha pedra do Armageddon me inspirava a pensar: quando há amor em um abandono, ele se reveste da máxima generosidade. O que parece um abandono nem sempre é. Pode ser uma chance que é dada para que a pessoa tenha uma visão mais ampla da vida. Quem abandona motivado pelo amor troca o sofrimento do presente, daquela despedida, da partida, pela euforia da intensa e feliz alegria do momento futuro. Sem dúvida, pessoas como a mulher da história alçaram o voo dos invencíveis bem cedo e começaram a compreender o código secreto para ir além das superações.

Eternidade me lembra também Shunji Nishimura, fundador da Jacto, uma das maiores fábricas de máquinas agrícolas do mundo. Ele faleceu aos 100 anos de idade e suas últimas palavras foram: "Filhos, por que tudo deu certo?".

Sua Fundação Shunji Nishimura de Tecnologia, na cidade de Pompeia, interior do estado de São Paulo, é mais um desses exemplos que representam um passo além da superação. Nishimura é um desses superantes dignos dos grandes livros, imigrante, boia-fria, mecânico, fez tudo a partir do zero absoluto, com suas mãos. Um homem que fez as coisas com aquilo que lhe era oferecido. Construiu uma significativa e lucrativa corporação. Superou muito, mas fez questão de dar um passo além. Nos últimos trinta anos de sua vida dedicou-se à obra na fundação, formando jovens para o futuro. Não precisava, mas decidiu e fez. Por quê? Amor e consciência do sempre. Meu amigo Honda, que hoje preside a Fundação, me contou uma história sensacional do senhor Nishimura. Um dia, um de seus filhos mostrava um novo equipamento de som que havia adquirido. Ele ouvia calado. Meu amigo perguntou para ele: "Então, senhor Nishimura, gosta desse som?". Pensando, Nishimura respondeu: "Prefiro o som do martelo!".

Com certeza Nishimura é um dos criadores de valor, riqueza e prosperidade que hoje voa nas elevações dos invencíveis. Ele quase nunca permitiu que o reino das distrações mudasse o rumo do compromisso maior da sua alma. Criou, fez sucessores e deixou um legado ao eterno.

Thomas Watson, o pioneiro da IBM, dizia: "Se você quiser ser bem-sucedido, duplique sua taxa de fracassos".

Há um voo para a eternidade reservado a quem não desiste, a quem não abandona o que cultiva, a quem não se esquece do compromisso consigo mesmo, que precisa ser escavado no âmago da alma.

Suspeitei que eu estava começando a compreender o que era a verdadeira eternidade.

Capítulo 5

A liberdade no reino das distrações

Três metamorfoses, nomeio-vos, do espírito, como o espírito se torna camelo, e o camelo, leão, e o leão, por fim, criança. O camelo para suportar os fardos do mundo. O leão para deixar de ser "eu devo" e tomar para si o "eu quero", ser o senhor do seu próprio deserto. Mas e a criança? O que poderia a criança perante a força do leão? Por que a terceira metamorfose exige que o espírito se transforme ainda em uma criança? Inocência é a criança, e esquecimento, um novo começo, um jogo, uma roda que gira por si mesma, um movimento inicial, um sagrado dizer "sim" e aquele que está perdido para o mundo conquista o seu próprio mundo.

NIETZSCHE

Quantos não imaginam ser livres, mas vivem limitados pelo mundo imaginário das distrações? Liberdade é tomar consciência de todo o entorno que nos envolve e poder experimentar cada sabor da vida, discernir e formar uma opinião para ter atitudes coerentes.

Viver na Terra exige não perder nenhum instante e conseguir prosseguir no cumprimento dos compromissos de nossa alma tendo a vontade consciente de buscá-los. Representa também eliminar preconceitos e falsos moralismos.

A riqueza, a fama, o sucesso e o poder podem sim servir extraordinariamente às causas humanitárias; são reais meios, são alavancas legítimas para o aperfeiçoamento. Se forem usados como fim, perderão grande parte da sua eficácia. Como meios, como alavancas, têm utilidade imensa.

As fundações, as obras e as empresas deixadas com brilhantismo por grandes empreendedores demonstram isso. Exemplos disso são a Fundação Bradesco, a Fundação Shunji Nishimura, em Pompeia, São Paulo, e a Fundação Bill e Melinda Gates. Grandes riquezas podem sempre servir com nobreza incontestável. E mesmo um ser humano que cria riqueza já em si permite um bem, nem que seja para que ele próprio não se transforme em uma carga para o outro.

Um ser humano que, além de gerar riqueza para si, o faz para muitos compartilharem já oferece imensas contribuições à educação das vidas terrenas. E, se, além disso, compreende e decide que sua riqueza existe simplesmente como um meio de aprendizado e transcende o efêmero material, desenvolvendo-se na arte suprema do desapego, teremos aí uma pessoa radiante de luz.

Um exemplo nesse sentido é José Mindlin. Ele foi membro do conselho do jornal *O Estado de S. Paulo* (onde trabalhei por dezoito anos). Conheci o Zé, como logo passávamos a chamá-lo, pela grandiosidade da sua alma. Um dia, quisemos dar uma lembrança, um pequeno presente a ele. Uma colega comprou uma lupa. Sim, uma lupa! Ele adorou. Claro! O que é mais significativo para um homem que havia sido muito competente como empresário e que legava ao mundo um acervo de livros fantástico como herança? Ele me disse: "Já está difícil eu ler sozinho, então minha esposa passa horas lendo para mim".

Em meio a essa reflexão, minha pedra de Armageddon me cutucou e inspirou:

"Os homens são sempre crianças grandes,
e as mulheres é que entendem de crianças. Por isso,
é impossível aos homens viverem sem estar protegidos,
amparados, amados e cuidados por uma mulher".

Sim, minha pedra de Armageddon. Afinal, metade do mundo é de mulheres, e a outra metade é filha da primeira metade.

Se, por um lado, nem toda riqueza vem a ser um mal ou um bem, podendo servir a ambos os senhores, nem toda pobreza também representa só o bem. A miséria sempre esconde uma impotência da vontade humana. Essa ausência de vontade termina por ser dominada por seres com maior tônus vital, que se servem da submissão e da resignação desses liderados para tirar proveito próprio da circunstância.

Quer mudar de vida? Mude o foco de suas atenções. Troque os relacionamentos. Elogie, capte o melhor e a dignidade de cada situação. Na universidade de Leiden, na Holanda, testes realizados com ressonância magnética em estudos da moderna neurociência revelam que até os 8 ou 9 anos de idade, as crianças só podem ser educadas a partir dos reforços positivos, dos elogios. Elas não gravam as broncas, ou seja, podem até ficar traumatizadas com a severidade das reprimendas, porém não compreendem e não aprendem com as críticas negativas. Agora descobrimos que as crianças já desenvolvem competências linguísticas desde cedo, e que seus 100 bilhões de neurônios não são um papel em branco, vazio, uma *tabula rasa*. Já existe ali a carga potencial, os circuitos, e algo ainda desconhecido, a mensagem, o sopro. Fico com Nietzsche: só a criança salva!

Os mais perversos nas guerras e nos regimes de exceção não estão no alto comando, em proporção, mas são os chefes do quarteirão, os que viram os encarregados de um departamento, de uma pequena área ou função. Fazem isso com a perspectiva de que estariam trilhando uma jornada que os levaria ao sucesso, à riqueza, a serem bem-sucedidos na vida.

Onde recorrentemente existem conflitos entre os povos, guerras, revoluções, assassinatos, crimes, ali está instalada uma predominância maléfica, que, apesar de estimulada e perpetuada pelas lideranças, de alguma forma conta com o desejo inconsciente da massa liderada. Porém, a turma do meio, aqueles que acreditam poder levar vantagem agindo como intermediários entre a loucura de déspotas e facínoras, perante a base de uma sociedade, termina por ficar muito mais "realista do que os reis". Para infortúnio dos ditadores ou dos que fraudam as instituições, terminarão ao final sendo inevitavelmente abandonados e traídos, exatamente, pelo mesmo corpo de oportunistas. Por isso continua valendo a máxima deste livro: ao final tudo vai dar certo, ainda que esse certo não venha a ser o desejo da eterna impunidade do facínora, ou do corrupto.

A liberdade cobra um alto preço para ser vivida, pois chama e clama diariamente pelo herói que existe em você. O ativista indiano Anna Hazare foi preso na Índia por se opor a uma lei que privilegiava os altos dirigentes do país das acusações de corrupção. A manifestação popular saiu às ruas de Nova Delhi e exigiu sua libertação.

O governo aceitou que ele fizesse uma greve de fome de "apenas" quinze dias contra a lei branda da corrupção aos dirigentes públicos. Quando libertado, foi recebido por uma chuva de pétalas de rosas e falou: "A juventude despertou; então um grande futuro não está distante".

Hazare estava àquela altura criando liberdade ao ativar o herói que habita cada um de nós. Esse nosso herói interior pode ser liberto e voar, ou pode ficar a vida inteira enjaulado no mais restrito zoológico do mundo. Mas como "no final tudo vai dar certo", todos temos o potencial desse vir a ser, e não importa quando, mas um dia seremos tocados pelos ativistas da vida, da empresa, do bairro, da escola dos filhos, de um livro, de um e-mail...

Alma infantil

O que é pequeno, quase imperceptível, como se fosse uma brincadeira nova, que se fizéssemos nos projetaria a um novo futuro, uma clara superação?

Em Tel Megiddo, começava o entardecer. Puxei meu Ipod e novamente curti Def Leppard, meu rock desse mergulho em meu Megiddo, em meu Armageddon. Olhando para a planície do vale, lá embaixo, o mundo havia mudado.

Havia uma estrada moderna, carros, celulares, agricultura desenvolvida, pessoas globalizadas, todos como eu e você. Séculos atrás, milênios atrás, cada coisa corria na velocidade das consciências. Gente de antigamente acreditava que o hoje era igual ao ontem e que seria igualzinho ao amanhã. Não existiriam mudanças.

Imaginei, ao mirar a terra de Megiddo, lá embaixo, nas colinas distantes: o que aconteceria com um general de Israel ou com um religioso egípcio ou com a criança da época que brincava com minha pedra do Armageddon se fossem transportados em uma máquina do tempo de 2.012 a.C. para 2012 d.C.?

O militar e o religioso com certeza entrariam em pânico, ficariam loucos ou atribuiriam o que veriam a uma tentação demoníaca. O militar pegaria sua lança e atacaria todos os dragões imaginários à sua volta. O religioso chamaria os deuses Asherah, Ba'al, Mot, Yam e procuraria uma rocha para se refugiar; como um oráculo, imploraria pela salvação de um pesadelo e culparia as prostitutas sagradas do templo por não estarem fertilizando os campos e trazendo a devastação.

Mas a criança de Megiddo de 4 mil anos antes deixaria a pedra rolar, olharia em volta, e, com seu poder de conquistar novos pais e mães, imediatamente seria acolhida por um casal do século XXI. Um mês depois, já estaria brincando com videogames, com computadores e Ipads, e ingressaria na educação escolar contemporânea, aprendendo com elogios e ignorando as broncas, como bem sabem fazer nossos filhos pequenos.

A liberdade exige cérebros puros e limpos. Liberdade e libertação pedem almas infantis. Não perder o instante é o que a criança, ainda pura, faz.

Lembrei-me de Paulinho, de 4 anos, neto de meu amigo. A rica casa do avô tem o melhor do conforto, e ele tem à disposição videogames, aparelhos e brinquedos eletrônicos e brinquedos tradicionais — tudo o que faz o prazer de qualquer criança. Fui à casa de meu amigo para uma festa para adultos. No jardim estava seu neto, brincando entretido.

Em meio a conversas e risadas dos convidados, seu avô comentou comigo: "Paulinho está lá fora brincando com um pedaço de papelão como se fosse seu cadilac". Ele fazia os adultos sentarem-se ao lado dele no chão imaginário, onde corria o automóvel mais espetacular do mundo. Paulinho criava seu mundo e com ele, sua felicidade. Um pedaço de papelão! Na hora de ir embora com seus pais, não queria. Começou um choro. Reclamava que queria ficar com seu "cadilac"!

Você já pensou no poder da liberdade quando não estamos ainda envolvidos pelo reino das distrações? A distração é a caixa, o contexto, o teatro atual, a questão social da sua época, o invólucro dos seus conceitos e preconceitos. A liberdade é a criação associada ao valor íntimo de seu espírito.

Administrar a entrada e saída do reino das distrações de forma saudável, em mente e alma, é o meu e o seu desafio doravante. Nada das fugas do entorno. É fácil fazer coisas por meio da força da eliminação. Não podemos eliminar nada do mundo verdadeiro. Se assim o fizermos, não aprenderemos. Precisamos negociar como ninguém, vender como ninguém, jogar, vibrar, torcer pelos nossos times do coração, namorar, amar, se apaixonar, realizar, mas jamais tomar o meio pelos fins, e também esquecer a ideia de querer ficar só com os fins, sem a jornada heroica dos meios, dos caminhos. Os fins jamais justificam os meios, se os meios já não guardarem um vínculo possível de ser repetido ao eterno, com os fins. Minha pedra me lembrava que Cristo, que caminhou por aquele vale, já havia afirmado:

"Amém, eu vos digo: se vós não retornardes
e não vos tornardes como criancinhas, não
entrareis no reino dos céus. Aquele, pois, que se
faz pequeno como essa criança é o maior no
reino dos céus. Conserva da criança sua pureza,
sua ausência de segundas intenções, sua
simplicidade, sua espontaneidade, seu
abandono completo à vontade do seu pai".

E a pedra falou sua última frase do dia:

"A dificuldade dos ricos se situa na
impossibilidade de se desapegar de suas riquezas.
São seus escravos, servindo-a, administrando-a,
vivendo em função dela. A alma precisa ser livre,
como uma criança que brinca".

Suspeitei que eu estava começando a compreender o que era a verdadeira liberdade.

Capítulo 6

A amizade no reino das distrações

Se queremos ter um amigo, devemos querer, também, guerrear por ele; e, para guerrear, é preciso poder ser inimigo.

NIETZSCHE

Não é possível alçar o voo dos invencíveis sozinho. É na amizade que estão os alicerces que permitem construir uma pista de decolagem para que possamos ir mais alto e além.

Eu não me lembro de nenhum caso de superação em que não houvesse amigos que auxiliaram na difícil jornada. Quando penso em amigos queridos, que sempre estão presentes em momentos importantes de nossa vida, alguns nomes passam por minha mente. Tenho certeza de que pela sua também.

Uma dessas pessoas especiais de que me lembro é o Luiz Carlos, um dos melhores vendedores com quem já trabalhei. Ele passou por dificuldades extremas decorrentes de um problema de saúde e se tornou um desses seres que conseguiram a superação.

Eu dizia a ele algo que sempre indico para quem precisa superar uma situação difícil: "Escreva Luiz, escreva. Registre todos os sentimentos únicos do que está passando. Ao fazer isso você estará reunindo impressões únicas do contato com as realidades que vive. Ao registrar em palavras, você começará a reescrever a história que viveu e estará criando uma nova realidade. Seu problema vai passar e, ao final, tudo vai dar certo, como sempre na história do mundo. E, quando tudo der certo, você será exatamente aquilo que houver aprendido, sentido, cultivado e curtido enquanto o tal do 'problema' existia".

As amizades que resistem ao tempo, à distância e às diferenças são as que integram passageiros das mesmas naves espaciais que cruzam o espaço. Somos transformados no resultado dos nossos relacionamentos humanos. Amigos fazem toda a diferença em uma vida. Sem amigos, não conseguimos realizar o voo dos invencíveis.

O que seria de Einstein sem os cientistas anteriores, sem o esteio da sua competente esposa, ou dos seus seguidores? O que seria de Jack Welch sem o gênio Peter Drucker, e deste sem as irmãs Elsa e Sophy e sua avó, a quem todos chamavam de "velha gagá", mas que foi quem lhes ofereceu o melhor da verdade pura em vida? O que seria de Marx sem Engels, de McCartney sem Lennon, de Roberto sem Erasmo, de Jesus sem Pedro e de Pedro sem Paulo? E o que seria de mim sem a corrente de amigos imensos, intensos, que me carregam ao longo da vida com pontes e elos de amor?

Eu passaria por uma experiência aquele dia em Tel Megiddo que me mostraria o que isso significa.

No passado, Megiddo tornou-se uma fortaleza importante porque conseguiu dominar a água, disponibilizada no seu interior a partir de uma mina que brotava do chão. Ao dominar a água, a fortaleza conseguia resistir pois as pessoas sobreviviam por meses, até anos, do lado de dentro. Havia também um silo imenso de pedra capaz de armazenar toneladas de grãos. Com pão, água e animais, havia uma condição ótima de sobrevivência sob cerco naquele local.

Decidi começar minha nova manhã no Armageddon descendo pela grande escadaria que levava, pelo lado de dentro da cidade, a cerca de 100 metros abaixo, onde havia a tal mina de água permanente. No início da escada, a luz do sol iluminava os primeiros degraus. Depois, quando entrei por um corredor estreito e segui adiante, já não era mais possível ver a abertura da entrada.

Continuei descendo e as paredes pareciam formar uma caverna. Um frio percorria o lugar. Ao longe, ouvi o ruído de água corrente. Já estava escuro, muito escuro. Pensei em dar meia volta e regressar, mas alguma coisa me puxava para baixo, para o fundo de Megiddo.

Eu sentia que começava a me aproximar do *meu Megiddo.* Uma sensação de medo, insegurança, de perder o chão crescia à medida que, sozinho, eu mergulhava cada vez mais no fundo do grande poço, quase uma cratera no centro do Armageddon. O medo era o de sentir o que nunca havia sentido. Era o medo do desconhecido.

Imaginei milhares de habitantes ao longo de 10 mil anos de história escavada e contada do lugar. Quantos não desceram aquelas pedras em busca da água? Quantos outros não correram por aqueles corredores instantes antes da morte inevitável pelas armas invasoras?

Ao chegar ao fundo do Armageddon, parei, ajoelhei, bebi da água da mesma fonte que viu os milênios por ali passarem. Estava um breu. Um vento encanado soprava. Já do outro lado da grande caverna, uma nesga de luz apontava para a saída oculta na base do morro. No silêncio dentre tantos gritos do passado, senti um movimento próximo. Assustei-me.

Olhando melhor, vi descer uma mulher de longos cabelos. Ela também levou um susto. Dirigiu-se a mim em alemão. Respondi em inglês. Então ela perguntou: "O que você veio fazer aqui?". "Vim em busca de algo profundo, vim escavar a mim mesmo. Você pode não acreditar, mas meu sobrenome é Megido também." E perguntei: "E você, o que veio fazer aqui?".

"Meu nome é Yulia", disse. "Meu pai escolheu esse nome depois de ler uma longa história no livro *Os irmãos Karamazov*, de Dostoiévski. Ele me pediu que viesse aqui, nessas profundezas, e que contasse para as pedras, cravando com a força das minhas palavras, bem aqui neste buraco do fim do mundo, nesta mina d'água do apocalipse, o *Poema do Grande Inquisidor*. Disse também para repetir que não interessa a felicidade dos fracos. E insistiu para que jamais deixasse de repetir que, para termos amigos, precisamos guerrear por eles. Isso significa não temer a necessidade de enfrentar inimigos. E nossos maiores inimigos não estão do lado de fora, como nós dois aqui e agora. Nossos únicos inimigos estão do lado de dentro."

Meio confuso, repeti a pergunta: "Veio aqui recitar um poema?". E ela me explicou: "Este lugar não é o sítio da morte. Aqui é o local em que a água e a vida sempre vicejaram. Aqui há o hálito fresco da renovação. Este lugar em que estamos agora, exatamente este, é o único de todos os recantos de Megiddo que nunca foi reconstruído ou restaurado. Aqui é a galeria e foi descoberta e criada ainda na Idade da Pedra. Engenheiros do período do rei Salomão chegaram onde estamos agora, abriram os túneis e preservaram a água, a mina de água, a fonte potencial da vida. Foi graças a este ponto do Armageddon que esta fortaleza sobreviveu mais de 10 mil anos".

E ela continuou: "Você sabia que por aqui passaram o rei da Pérsia, os helenos gregos, muitos faraós do Egito, além de romanos e reis bizantinos? Este fundo do profundo viu as Cruzadas lavarem com sangue toda a paixão de seu Cristo; aqui estiveram os mamelucos que derrotaram o exército mongol e dominaram Megiddo dos anos 1.250 d.C. a 1.516 d.C. Aqui em Tel Megiddo continuaram vindo otomanos e o império britânico até 1948, com a criação do Estado de Israel. E, agora, no século XXI continuam vindo pessoas de todos os cantos do mundo".

Fiquei pensando que se conseguíssemos ler o que estava inscrito naquelas ruínas, ao acessar nossa alma também conseguiríamos buscar um sentido, um significado, e responder de onde viemos, onde estamos e para onde vamos e, acima de tudo, quem somos e quem é Deus. Essas respostas estão inscritas e cravadas exatamente nas entranhas de nós mesmos. E desejei que um dia pudéssemos ter sensores poderosos que poderiam amplificar o eco das vozes registradas nas nossas partículas atômicas... Naquele instante, minha pedra do Armageddon não se conteve e balbuciou lá do fundo da minha mochila:

"Deus é a representação do melhor do homem
na Terra. Deus é apenas mais uma superfície.
O cérebro não é todo o corpo, e Deus não habita
somente o cérebro, ou a mente. Você não sabe se essa
vida que hoje tem não veio exatamente através
das pedras para este planetinha minúsculo..."

Eu estava inebriado com aquelas palavras e com aquela mulher. Os cabelos encaracolados e imensos de Yulia eram espetacularmente lindos. A sensação era a de um sol reinante ali no fundo da terra. Impossível não sentir uma paixão arrebatadora por aquele ser personificado na forma de uma divina mulher.

Não conseguia nem bem saber se vivia um sonho, um engano da minha ardorosa imaginação ou uma realidade tão pétrea quanto todas as pedras que nos embalavam.

Formulei mais uma vez uma pergunta, para que minhas próprias palavras me acordassem se eu estivesse mesmo sonhando: "Yulia, o que você quer deste lugar?". Ela me olhou fixamente, como se visse minha alma, e disse: "Meu avô sobreviveu aos campos de concentração na Segunda Guerra Mundial. Ele viu minha avó ser trucidada pelos cachorros do campo. Viu duas filhas sumirem no meio dos vagões dos trens, chorando de desespero, e a última visão que guarda delas é a de suas bonecas desaparecendo sufocadas sob os uniformes das legiões nazistas, com seus últimos gritos que clamavam: 'Pai, pai...'.

Meu avô sobreviveu e viveu para salvar o outro filho, Daniel, que é meu pai. Meu avô brincava de batalhas com meu pai, contava histórias. Sabia transformar uma casca de batata no assado mais delicioso do mundo. Pai e filho conseguiram, ao entrarem em um mundo da fantasia, criar um sonho e não viver mais ali no campo. Seus corpos sim, mas suas almas já brincavam de construir novas realidades. Eles aprenderam que o medo atrai a ira dos sádicos. Pai e filho sentiram que quanto menos medo tivessem, menos seriam perseguidos, escolhidos e vitimizados. Viram que os covardes eram os que morriam primeiro, pois o medo tem um magnetismo atraente e irresistível para a saliva dos cães da tortura e da morte. Eles aprenderam que o sonho vivido pode enganar uma realidade repleta de trevas.

Eles viraram crianças puras e, por isso e pelas fortuitas leis do acaso, escaparam a tudo e viram chegar os Aliados. Os campos foram abertos. Pai e filho ainda viram que uma boa parte daqueles prisioneiros não saiu dos campos, mesmo com os portões abertos. E uma parte dos que ultrapassavam os portões em seguida voltava correndo para o lado de dentro. Muitos não saíam, não conseguiam sair ou não queriam mais sair. Uma das forças que alimentaram meu pai foi um livro que ele conseguiu manter escondido o tempo todo: *Os irmãos Karamazov*, de Dostoiévski..."

Eu ouvia tudo calado e chocado. E ela continuou: "Meu pai me disse que ele lia sussurrando os trechos, falando baixinho em seu ouvido, e exclamava que aquele era o maior livro do mundo. E que o *Poema do Grande Inquisidor* era o melhor trecho do maior livro do mundo. E falava: 'Filho, este lugar não existe, filho. Este lugar é só uma ilusão. Não acredite neste lugar. Aqui é um jogo'. Meu avô lia todo dia, e todo dia tirava conclusões do *Poema do Grande Inquisidor*.

E dizia: 'Os soldados lá fora, o comandante do campo, eles são os grandes inquisidores. Vamos a tudo ouvir, mas jamais responder. Este reino não nos pertence. Aqui nada é verdadeiro, tudo é falso. Quanto mais eu e você não vivermos aqui, menos real isto vai parecer. Isto é uma provação, filho. No dia em que não tivermos mais dúvida alguma sobre a impossibilidade de este lugar existir, ele não mais existirá. Se todos aqui estivessem conosco, este lugar desapareceria em um piscar de olhos. Mas, se eles não conseguem nos acompanhar, vamos, nós dois, filho, fazer a nossa parte. Este lugar é irreal. Este lugar é o Reino do Grande Inquisidor. Ficaremos livres dele, você vai ver. Para isso, precisamos de alegria, felicidade e certeza mental, esperança confiante na nossa cabeça e no coração.

Nosso segredo é ficarmos felizes aqui. Porém, nunca se esqueça, filho, de que essa felicidade não é a felicidade dos fracos. Não falo da felicidade dos oprimidos resignados. Esta, ao contrário, é a felicidade do poder supremo, a felicidade dos heróis humanos, a felicidade do ponto presente que transporta ao ponto futuro. Esta é a felicidade da viagem, do movimento, da mutação, da metamorfose e da lei imutável da transformação. Filho, jamais confunda sonhos com ilusões. Sonho é aquilo que você faz com a realidade enquanto sonha, e ilusão é o que a realidade faz com você enquanto você se engana. A ilusão é a falsa felicidade, o engano dos sentidos e da mente. A ilusão é o paraíso perfeito, que de tão perfeito vira infernal'."

Eu balbuciei, assim que ela terminou seu discurso: "Entendo Yulia, a importância de você vir aqui". "Sim, Tejon. Vim aqui cumprir o que ele me pediu: prometa que você irá ao centro do Armageddon e lá, na primitiva cratera das águas, o único lugar que só foi construído e jamais destruído de Tel Megiddo, e, em honra ao seu avô, leia como ele lia o trecho mais espetacular do maior livro de todos os tempos."

O sotaque alemão sobre o inglês bem falado de Yulia e sua convicção de sua missão ali no fundo da grande cratera do Armageddon pareciam, ao mesmo tempo, assustadores, alucinantes e sedutores.

Assisti, então, Yulia voltar-se para as paredes do fundo da grande caverna e começar a dizer aquilo que Dostoiévski escreveu e que foi tão importante para salvar vidas. Quando ela terminou de recitar, eu não conseguia parar de pensar na história de seu pai e de seu avô no campo de concentração. Como conseguiram superar tudo aquilo?

Pensei que ali havia uma pista sobre como acessar o código que permite dar um passo além das superações e leva ao voo dos invencíveis.

Quando terminou o que havia ido fazer naquele local, Yulia começou a correr em direção ao túnel que dava na saída do lado de baixo da elevação de Megiddo. Ainda extremamente confuso e tomado pelos sentimentos de toda aquela cena, ali naquele local, e ainda ouvindo os ecos das palavras daquela bela moça, hesitei um pouco, mas me vi impelido a sair atrás dela.

Quando corri, percorrendo curvas depois de curvas da tortuosa saída, Yulia havia sumido.

Não sei se ela ficou escondida em alguma reentrância da grande caverna ou se chegou à saída muito antes de mim. Só sei que quando estava novamente ao ar livre, ouvia apenas o barulho da água brotando e escorrendo do lado de dentro. Vendo de fora, aquela saída era um ponto negro minúsculo encravado na base de um pequeno morro.

Segui andando pela estrada que levava de volta ao portal de Megiddo. De repente, enxerguei no chão algo que brilhava refletindo a luz do sol: uma corrente de prata com um pingente. Nele havia uma pedra aparentemente valiosa incrustada. Em um impulso, peguei a corrente abandonada naquele local improvável.

Imaginei que a corrente estava no pescoço de Yulia. Regressei ao sítio arqueológico, onde ainda havia alguns turistas, e procurei por todo o local. Infelizmente, não a encontrei. A imagem daquela mulher, sua voz, a leitura ao mesmo tempo sedutora e gutural no fundo do Armageddon, eu não poderia imaginar o que o futuro me reservaria ao regressar do meu voo a Tel Megiddo.

Olhei novamente para a corrente e a segurei forte em minha mão. Não sei por que, mas tive a forte sensação de que ela estaria muito em breve no pescoço daquela que viria a ser o grande amor da minha vida. E guardei-a junto de minha pedra branca do Armageddon. Eu confiava que a força e a fé de Yulia representadas naquele objeto seriam minha inspiração.

Meu grande amigo Roberto Shinyashiki fala que precisamos confiar. Sem confiança, não há saída. Ela é a base do poder de toda grande e verdadeira amizade, do caráter, da consistência e da coerência. Ela impregna, imanta as pessoas, e a nós também. Ter autoconfiança nos dá poder sobre nós mesmos. É por isso que não importa se estamos certos ou errados, se somos perfeitos ou imperfeitos; se a confiança for forte, ela será parte do código que nos leva às superações.

Quando me perguntam: "Por que você não para, não acalma?", respondo: "O que eu vou dizer lá em casa?". Não a casa física do aqui e agora, mas a minha casa espiritual, aos meus guerreiros, aos meus pais adotivos e à minha mãe biológica que me salvou para viver, e sem essa vida eu não saberia nada. Não, eu não posso parar de aprender. Quando de novo for ao encontro desses eternos amores, eu preciso ter muitas histórias para contar e dizer: "Obrigado, fiz por merecer". O tempo não passa enquanto a alma não acalma e voa.

Naquele dia, passei a entender que Yulia havia compartilhado comigo suas palavras, sua experiência, sua vida, sua dor, suas alegrias, suas conquistas, seu respeito, sua reverência e seu amor pela vida.

Suspeitei que eu estava começando a compreender o que era a verdadeira amizade.

Capítulo 7

Um voo no fim do mundo

O que a lagarta chama de fim de mundo
o mestre chama de borboleta.
RICHARD BACH, *ILUSÕES*

Muito se fala hoje em fim de mundo. Há profecias e muitas pessoas acreditando que o final dos tempos chegou. E eu aqui no fim do mundo, no local exato do Armageddon.

Mas será que o fim de algo, neste planeta de ciclos, não anuncia apenas uma mudança?

Na grande virada da segunda década do século XXI, a mudança em altíssima velocidade é a única e definitiva certeza que temos. No Armageddon, séculos foram passados para que mudanças fossem percebidas. Novos dominadores ao longo de 10 mil anos sucederam-se naquele local, mas nenhum habitante do passado poderia imaginar o que hoje acontece ao redor de onde viviam.

A velocidade com que tudo continua mudando nos obriga a jamais projetar qualquer coisa do presente como uma certeza no futuro. Globalização e rotação mutantes, interconexão, internet, uma nova consciência em contraposição à situação reinante é o que move o mundo. Uma criança de 12 anos de idade de Israel é cada vez mais parecida com outra criança do Egito, ou da África do Sul, ou do Brasil, de Portugal, Argentina, China, Índia, Holanda...

Faça o exercício de abrir qualquer jornal agora, neste instante. Preste atenção às mudanças em relação aos dez anos anteriores. Olhe então para a diversidade de conflitos. Quem poderia imaginar, durante os anos do regime militar brasileiro, que haveria uma ex-guerrilheira na presidência do Brasil? Quem diria que os delegados da Polícia Federal um dia estariam protestando contra os níveis inimagináveis de corrupção no Brasil? Ou que o país seria a sexta potência econômica do mundo, superando a Inglaterra?!

Quando teríamos pensado que um ativista na Índia estaria fazendo greve de fome contra as leis brandas anticorrupção e sendo seguido por milhares, com jovens jogando pétalas de rosas ao sair da prisão? Seria pensável imaginar uma onda de decadência e o fim de regimes ditatoriais e de reis considerados eternos? Seria imaginável crer que uma empresa como a Apple chegaria a valer o equivalente a 32 bancos europeus?

Quem sonharia que países considerados emergentes seriam as novas locomotivas do mundo, o Brasil entre eles? Que os Estados Unidos estariam devendo e que a Europa entraria em uma encruzilhada de estagnações, ao lado do admirável Japão? Que o Greenpeace faz parte das prioridades de relacionamento das grandes corporações? Que a sustentabilidade e a responsabilidade social estariam impregnadas na nova gestão empresarial? E que empresas tenham modelos de gestão baseados em não ter mais o cargo de gerentes, nem de sucedâneos com outros nomes? A lista é interminável.

Nossa ideia de fim de mundo tem de mudar. Não adianta mais olhar o passado e suas escrituras, os profetas de ontem não poderão mais acertar nosso amanhã, fora de uma interpretação simbólica e oculta.

Onde estará nosso novo Armageddon? O novo Megiddo não é mais aqui, onde estou mergulhando, refletindo, meditando, para poder escrever este livro. Aqui podemos assistir a um filme do passado. Um filme lento, vagaroso. Cada pedra tocada e removida conta um fragmento da história. Precisamos escavar para baixo para poder subir às alturas.

Aqui, no eixo do nascimento da civilização ocidental, no norte de Israel, ao lado de Nazaré, perto de Haifa, junto do Líbano e da Síria, na conjunção dos caminhos que levavam as caravanas do Eufrates ao Nilo, e vice-versa, estou em um celeiro milenar de conflitos, ouvindo o ronco dos caças militares nas manhãs. O que é possível sentir ao mirar o futuro?

Vejo que será cada vez mais difícil engajar as novas gerações no infortúnio das desgraças pelo simples aparelhamento de uma educação genocida do cérebro. As crianças do agora ainda têm distrações, e muitíssimas. Mas penso que são melhores do que colocar seu sangue a serviço de ideias e valores que já estão tão enterrados no passado quanto este sítio arqueológico.

As redes sociais, a internet, por mais controversas que possam ser, terminam por revelar visões de mundo diferentes e opostas, conflitantes, porém são outras visões, e ao tocar o mundo lá fora, pessoas que jamais sairiam de suas aldeias ideológicas atuais passam a ter a oportunidade de ser tocadas por distintas realidades. Não será mais tão fácil como em um passado recente manipular e construir novas crianças dirigidas e determinadas ao terror.

Vejo o povo: todos andam misturados, sejam árabes, judeus, muçulmanos ou cristãos. O novo povo, as novas crianças não serão mais uma cópia de seus ancestrais. Novos líderes não resistirão muito tempo amparados pelas leis do passado, com seus milagres, mistérios e autoridade imposta.

Estamos preparados para viver este século XXI ou estamos ainda acorrentados aos pressupostos do século passado? Compreendemos a importância das novas competências e paradigmas para nossa vida íntima, amorosa, familiar, profissional, empreendedora, política? Já é possível sentir o som das trombetas apocalípticas de tudo o que não vai sobreviver e não irá existir no futuro.

Agora começa a chegar o momento de mergulharmos profundamente dentro de cada um de nós. Essa é a viagem que devemos realizar. Precisamos trazer o profundo do Armageddon para nossa vida, para nosso cotidiano. Temos de voar mais alto.

Já conseguimos entender que só há duas formas de viver: uma é aprendendo a aprender, não perdendo nenhum instante. E a outra é morrer diariamente procurando culpados, colocando a culpa nos outros.

Ou vivemos aprendendo, ou morremos culpando. Não dá mais para perder tempo com comodismo e com a felicidade dos fracos. Precisamos ser impacientes com nós mesmos, porque precisamos acelerar nossa capacidade evolutiva, porque precisamos buscar nosso melhor interior.

Enquanto apreciava mais um anoitecer em Tel Megiddo, com os ventos permanentes a envolver as pedras e o portal de Salomão bem à minha frente na elevação do Armageddon, no meu Ipod eu ouvia as plácidas e almificantes canções de um trio antigo de música folk: Peter, Paul & Mary. Iniciava uma música chamada *If I had a hammer* que, traduzida livremente, dizia mais ou menos assim:

Se eu tivesse um martelo, eu martelaria de manhã
Martelaria à noite, tudo sobre esta terra
Eu martelaria fora de perigo, martelaria um aviso

Eu martelaria o amor entre meus irmãos e irmãs
Tudo sobre esta terra.
Se eu tivesse um sino, eu soaria de manhã
Eu tocaria à noite, tudo sobre esta terra.
Eu tocaria fora de perigo, eu soaria um aviso
Eu cantaria o amor entre meus irmãos e irmãs
Tudo sobre esta terra
Se eu tivesse uma canção, eu cantaria de manhã
Eu cantaria à noite, tudo sobre esta terra
Eu cantaria fora de perigo, eu cantaria um aviso
Eu cantaria o amor entre meus irmãos e irmãs
Tudo sobre esta terra.
Eu tenho um martelo, e eu tenho um sino
Eu tenho uma canção para cantar, tudo sobre esta terra
É o martelo da justiça, é o sino da liberdade
É a canção sobre o amor entre meus irmãos e irmãs
Tudo sobre esta terra

Eu chegava ao ponto mais alto de Megiddo, e lá, assim como o martelo e o sino da canção, havia um marco, um aviso, na forma de uma inscrição em que se lia:

"May Peace prevail on Earth"
[Que a paz prevaleça na Terra]

O mundo muda a todo instante, e isso angustia muito quem se apega às coisas, já que amanhã elas não serão como hoje, ou até nem existirão mais. Por isso, o compromisso com uma causa que transcende a nós mesmos, com um ideal que é maior que nós e não muda, é o que oferece as asas para o voo dos invencíveis.

O mundo muda e mudou, e os invencíveis precisam voar desde já para acessar códigos para realizar a superação, pois isso é vital. Mas esse voo não se dá com o corpo físico, e sim com as asas da alma.

Por isso, se essas asas não forem trabalhadas ao longo da vida, se não servirem para a construção de uma legião ascendente, nunca nos deixarão sair do chão.

Capítulo 8

Um passo além da superação

Todo homem valente molda sua sorte.
Toda pessoa é obra das suas próprias mãos.
MIGUEL DE CERVANTES

Aqui no alto do Armageddon, olho para minha pedra e ela olha para mim. Eu pergunto: "Por que é preciso mudar? Por que é necessário fazer tudo isso?" E ela responde:

"Porque vale a pena! Porque é muito gostoso, é um prazer imenso criar, aprender, progredir, voar. Porque é genial não ficar dependente dos outros de forma parasitária. Porque é maravilhoso ter amizades sinceras. Porque é impossível criar filhos sem sermos nós o exemplo de liberdade, amizade, eternidade e felicidade. Levamos tempo para aprender? Sim, mas a vontade do aprender é o manto sagrado que nos faz poder mudar de ideia, perceber e passar a fazer diferente. É preciso aceitar as imperfeições e saber que até o último instante de vida é possível reacender a chama original da alma".

E o que devemos fazer já, agora, para encontrar o código para dar um passo além da superação?

1. Acredite na alma

A maioria das pessoas que não busca sua missão, ou o nome que você deu, faz isso por duvidar da existência da alma. Será mesmo que existe essa tal de alma? Ainda não foi provado cientificamente.

Duncan MacDougall, no começo do século XX, dedicou sua vida à busca da comprovação científica da existência da alma. A conclusão dele é que a alma existe, sim, e tem um peso de 21 gramas perdidos no momento em que os seres humanos morrem. Essas experiências foram consideradas hilárias e as controvérsias continuaram.

Gente que viveu o estado de quase morte (EQM) relata vivências que surpreendem, como, por exemplo, terem visto médicos trabalhando em seu corpo. Um desses relatos foi feito pelo tricampeão mundial de Fórmula 1, Niki Lauda. Ele sofreu um acidente quase fatal, queimou o rosto e ficou em coma. Isso aconteceu quando ele já havia sido campeão do mundo pela primeira vez e participava do campeonato seguinte. Levado ao hospital, estava em coma e para o corpo médico não havia esperança de salvamento.

Niki diz que ficou indignado e furioso ao ver e ouvir um padre que lhe dava a extrema-unção. Essa cena, segundo o piloto, foi decisiva para que retornasse à vida. Niki Lauda voltou às pistas e foi mais duas vezes campeão do mundo, perfazendo o total de três vitórias. A decisão de Niki aconteceu no estado de quase morte.

Dessa forma, para alçarmos o voo invencível, que só é possível se pegarmos carona no compromisso fundamental da alma, é preciso acessar o invisível e crer que a alma existe, uma vez que é nela que está escrita nossa missão.

"Você crê na alma, Tejon?", perguntaram-me um dia. Creio sim, mas se não acreditasse que ela pudesse me anteceder, eu criaria uma para que ela pudesse me suceder. "E que provas você tem sobre a existência da sua alma?". Minhas provas carrego na minha vida em si, na minha saga, na minha jornada, e nas descobertas que as circunstâncias me fizeram elaborar, temas dos meus livros *O voo do cisne*, *O beijo na realidade* e *A grande virada*. Minha alma é o código mestre do significado, missão e sentido da vida humana recebida aqui na Terra.

Ao também ter vivido um estado de quase morte, senti e percebi proteções energéticas inexplicáveis. E a coerência e consistência desse destino funcionaram para mim como as repetições dos ensaios científicos que me permitem assumir, perante minha pessoa, a presença dessa alma. Ela não chegou pronta, mas veio com um sinal, um aviso, uma proposta de serviço. E acredito que se não soubermos reconhecer e aprimorar essa vontade inicial da alma terminaremos por extinguir esse fogo, essa luz. E, isso sim, significaria a impossibilidade total do voo.

Sofri um acidente grave, queimei totalmente meu rosto, quase morri, passei 14 anos semi-internado em hospitais públicos. Em mais de cem cirurgias reparadoras que fiz nos hospitais, a primeira da qual tenho lembrança, guardo até hoje o impacto da anestesia pelo clorofórmio.

Não havia outra possibilidade de anestesia naquela situação em que me encontrava. A tecnologia era antiga, dos anos 1950. A máscara de gás, com o terrível cheiro do éter, anestesiava por asfixia, por ausência de oxigênio. Aquele éter me levou a uma sensação paralisante, senti a angústia da morte. Não conseguia me mexer, não havia mais voz, nada ouvia, não sentia meu corpo, afogava ao respirar, meus olhos nada mais viam do lado de fora, então algo impressionante aconteceu: antes de desfalecer completamente anestesiado, no torpor daquela intermediação, vivi um momento, não sei se durou apenas alguns segundos ou horas.

Vivi o toque, o beijo, a mão, um relaxamento, um alívio de toda a dor de me sentir sufocado. Não estava ali um corpo físico, de nenhuma espécie. Nem poderia mais ser meu cérebro, já colocado fora de órbita e que teimava em apenas registrar o sofrimento causado pelo clorofórmio. Naquela paz do momento eu me via, como menino que era, sendo levado pela mão de um homem, adulto. Parecia o irmão, o amigo mais velho. Eu via os dois caminhando e, de repente, quem caminhava era eu, e o homem me olhava com carinho e, me enchendo de coragem, soprava sussurrando algo que eu interpretava assim: "Filho, toda coragem que me tirou de você fica agora contigo; nada mais vai doer, nada mais vai doer, nada mais vai doer". E com um sorriso em meio a uma lágrima de alegria, partiu para nunca mais voltar.

Cada vez que alguém abre um vidro de éter, imediatamente me lembro do sufocamento do anestésico e logo depois da paz e da ausência da dor, e daquela conversa "entre almas". Coincidentemente ou não, não me recordo de dor alguma de toda a grave queimadura e do seu doloroso processo de recuperação. Não guardei essa dor.

Não conheci meu pai biológico, mas por informações que me foram passadas por meu pai adotivo, sei que ele era revolucionário na Espanha franquista e faleceu preso nos cárceres daquela ditadura, também acometido de doenças pulmonares adquiridas nas minas de carvão de Astúrias.

Creia na alma e ela existirá para você, e você existirá para ela.

2. Preste atenção

Um dos segredos de todas as superações é prestar atenção. O reino das distrações nos impede, oculta e embota nossas percepções, tanto no mal, sob doenças, angústias e terrores, quanto na euforia, nas drogas alucinantes. Perder o contato com o mundo real significa não ter mais noção do ponto presente. É a mesma sensação do surfista engolido por uma onda quando ele perde o chão.

Da mesma forma, perder o elo com o etéreo, com a metarrealidade, com o invisível, com o mundo das ideias, com o potencial do vir a ser seria como uma planta que só cresce na raiz, onde todo vigor fica encapsulado e jamais brota.

Prestar atenção e aprender a olhar representa ver com os olhos do espírito. Assim como as águias têm uma capacidade visual maior que a nossa para ver longe, e as galinhas têm um poder visual maior que o nosso para enxergar microscopicamente, os elementos da natureza conseguem nos explicar que sensores e sensibilidades distintas só sentem, cheiram, ouvem, saboreiam e enxergam aquilo para o que foram desenhados para atingir.

Uma parte dos seres naturais transcende, ouve um pouco mais, vê, cheira, sente. Porém, ao homem foi dado o poder de ir aonde os demais não conseguem. Criamos tecnologias que nos permitem saber se estamos em uma região radioativa, mesmo que nosso organismo nada possa sentir. Fazemos exames de contraste no cérebro e os médicos conseguem enxergar o que seria impossível por outros meios.

Esse conhecimento tecnológico cria novos e cada vez mais poderosos sensores e vai continuar ao infinito. Porém, alguns seres humanos conseguem carregar em si mesmos sensibilidades diferenciadas da média dos demais. Conseguem sentir, ver, perceber, ouvir, ter odores e mesmo entrar em contato telepático e sensitivo com ondas magnéticas e de afinidades fora da normalidade mediana.

Quando um criativo musical pega seu violão e consegue com os mesmos quatro acordes criar sucessos mundiais na música pop, ele está de algum jeito acessando um conjunto poderoso de afinidades que atraem algum tipo harmônico que é impossível simplesmente aprender pelos meios tradicionais.

Da mesma forma, isso acontece com um escritor, um cientista, um pesquisador. E quase sempre é assim: terminamos por descobrir alguma coisa que não pensávamos que iríamos obter quando começamos o trabalho. Somos surpreendidos pela descoberta, pelo eureca!

A somatória desses aspectos anteriores é o que permitirá marcar encontro com o "dom", com a "vocação", com o chamado do seu melhor, que é o contato com o compromisso da sua alma. Por isso é preciso prestar atenção.

Muitas pessoas que não encontram seu código das superações não desconfiam que todos nós temos, sim, um grande e delicioso trabalho a ser feito, e que ele é pleno de prazer. Para esse jogo, o mundo prepara ardis, truques e armadilhas. Somos invariavelmente tentados a perder o foco.

Portanto: atenção sempre!

3. Não seja indiferente à vida

Se há algo que não podemos fazer é ficar indiferentes à vida. A indiferença é o mal supremo, é a ausência da vontade do ser humano, e isso representa um não desfrutar do que nos é dado. Ficar parado esperando respostas não é o caminho. A ação é saber perguntar.

Não existe mal tão grande quanto sua indiferença. O grande bem jamais conseguirá salvar o indiferente. O que abandona a si mesmo comete o pior dos crimes perante o universo. É um suicida inconsciente da razão maior de uma vida: a alma.

As definições de felicidade sempre vêm com insinuações dessa luta entre o transitório e o estável. Se você quer ficar parado e entender que isso é sua vida, irá se surpreender e sofrer com a inevitabilidade do transitório. Viver não é o tal do equilíbrio. Viver é desfrutar a intensidade dos desequilíbrios. É respeitar os ciclos, os movimentos. Viver é não achar que seus pés podem ficar colados em uma rocha firme e que as ondas das marés jamais irão arrancar sua vida de uma encosta oceânica.

Viver exige que estejamos preparados e prontos para saltar ao mar, à vida, antes de sermos arrancados e espancados pela força das ondas, pela transitoriedade. A indiferença ou a estagnação por esperar as respostas não criam nosso voo e não acessam o código de todas as superações.

O movimento, as perguntas certas, o diálogo permanente com o lugar em que estamos, com as pessoas ao redor, e a ligação com o impossível — essa é a lição básica.

Viva, não seja indiferente!

4. Descubra seu código

É preciso examinar sua vida, usando os três itens anteriores, e observar quais são os códigos que já permitiram a você superar as situações complicadas e voar. A vida os mostra sempre.

Vou contar aqui minha experiência e como descobri meus quatro códigos de superação. Sim, tenho quatro códigos, e eles foram instalados em minha máquina mental pelos meus parentes adotivos e por pessoas da minha rua, em meu bairro, na minha cidade de Santos e pelas afinidades intermináveis mundo afora. São eles que me fazem acessar minhas forças superantes. Eles são:

- As batatas
- A coragem no mar
- A luz da janela
- A criança perpétua

As batatas

Um dia, minha mãe adotiva me levou à feira quando eu não queria sair de casa, depois do acidente e da queimadura em meu rosto e corpo. Lá, ela me fez prestar atenção nas batatas, enquanto atendia a todos os curiosos que queriam ver meu rosto, ver como eu tinha ficado. Ela recebia as pessoas, conversava e, quando eu ia prestar atenção no burburinho da feira, ela me mandava prestar atenção nas batatas.

Ela me ensinou a prestar atenção em meu momento, no melhor do meu momento, na minha essência, e a não desviar o coração para o que não tinha verdadeira e legítima importância na hora, no momento, no tempo.

Existe uma música de um grupo da década de 1960, chamado Bee Gees, que se chama *I started a joke*. Essa foi, coincidentemente, a primeira música que tive coragem de tocar em público em uma apresentação em minha escola, o Colégio Canadá.

Ao prestar atenção nas batatas, passei a prestar atenção naquilo que tinha de ser feito. A letra da música dos Bee Gees diz assim:

Eu comecei uma brincadeira
Que fez o mundo inteiro chorar

Mas eu não vi
Que a brincadeira era comigo
Eu comecei a chorar
O que fez o mundo inteiro rir
Ah, se eu apenas tivesse visto
Que a brincadeira era comigo...
Eu olhei para o céu
Passando a mão sobre meus olhos
E eu caí da cama, ferindo a cabeça com as coisas que disse
Até que finalmente morri,
O que fez o mundo inteiro viver
Ah, se eu apenas tivesse visto que a brincadeira era comigo..
A brincadeira era comigo...

Quantas coisas não vivemos com sofrimento só porque não entendemos que em tudo há uma brincadeira, um jogo. E a brincadeira é nossa, é conosco. As batatas foram meu primeiro código e por causa disso não tive vergonha de ir cantar no palco da escola. Por causa disso, fiz músicas, fui ao mundo, cresci e estou aqui. Mas não foram todas essas superações suficientes, elas apenas me preparavam para uma nova busca, um passo além.

A coragem no mar

Este é o meu segundo código para acessar as superações.

Amo o mar. Já cruzei o oceano em um navio cargueiro para sentir e viver mais o legítimo mar. Nasci e cresci no mar de Santos. Meu pai adotivo, Antonio, me ensinou a coragem a partir do respeito pelas forças da natureza. Ele me mostrou a coragem para viver. Ele me ensinou a não ficar esperando que as ondas me arrancassem da segurança das pedras à beira-mar.

Saltamos um dia em uma rocha em que as ondas batiam forte; elas nos arrastariam para a morte se nos pegassem. Ele disse: "Quando a onda vier, só haverá uma forma de vivermos: saltar nela antes que ela salte sobre nós. Vamos juntos, sem medo". E mergulhamos no meio da onda, nadando juntos até a praia.

Ao termos os pés na areia, ele me disse: "Filho, assim é a vida. Esteja preparado para saltar na vida antes que ela salte sobre você. Entender o movimento das forças da natureza e da vida e ter respeito por elas será sua maior sabedoria".

Com a coragem no mar, aprendi a coragem no trabalho, no enfrentamento das dificuldades, no respeito às adversidades, e aprendi que mesmo naquilo que pode parecer uma força impiedosa contra você existe um caminho, uma saída, uma possibilidade inteligente. Por isso, os medos do poder foram expulsos da minha alma e o que ficou foi a sensatez do respeito às forças da natureza.

A luz da janela

Este é meu terceiro código de superação.

Passei anos e anos em hospitais públicos me recuperando do acidente. Do lado de dentro, havia dores, sofrimentos e ausência de esperança. Do lado de fora, através da janela, via as árvores, o movimento, a rua, as pessoas e os carros passando.

Pela luz da janela, aprendi a buscar a comunicação com o mundo. A janela do nono andar do Hospital Brigadeiro, na avenida Brigadeiro Luís Antônio, foi meu contato com a vida real.

Ao ver a luz da janela, precisava brincar com ela. Não bastava ter a janela; era preciso fazer alguma coisa para que o tempo tivesse algum significado, um sentido, pois um sentido é aquilo que transcende um contexto.

Fazia aviõezinhos de papel e os arremessava para a vida lá fora, através da luz da janela. Escrevia mensagens e eles precisavam voar, e por isso tinha de ser bem feito. Ao vê-los voar, crescia a coragem e a coragem alimentava minha esperança da possibilidade de uma vida feliz. É fácil ter a sensação da felicidade quando tudo dá certo conforme suas mais altas expectativas. Também é fácil se sentir feliz quando diminuímos nossas expectativas a zero e colocamos na nossa cabeça a felicidade dos fracos via resignação. Também é fácil viver infeliz, niilista, jogando caminhões de lixo na humanidade. Nossa combinação, doravante, é a de saber que temos o direito de compreender a infelicidade, de entender a melancolia, mas a de aprender a ver traços da felicidade, mesmo sob forte adversidade, e de acreditarmos que esses sinais serão nossas legítimas fortalezas superantes.

Amamos a felicidade não pela felicidade, mas porque nos acostumamos a amar.

A criança perpétua

Este é meu quarto código de acesso às superações.

A criança que eu era me salvou. Eu era feliz, mesmo nas condições em que vivia. Brincava, jogava, me divertia. Eu era feliz mesmo nos corredores dos hospitais, com meus amigos cheios de deficiências físicas.

Na escola das crianças especiais em que iniciei meus estudos eu era criança, e como criança eu brincava, e como brincava! O que era para um adulto algo tenebroso, para mim era parte de um jogo. A felicidade infantil permitiu o sucesso da minha superação.

Foi a criança que me salvou, foi a minha criança interior que me ensinou o poder da criação, e foi com isso que construí minha carreira.

Foi pelo prazer da mudança, da vontade de aprender brincadeiras novas, jogos novos e de me divertir muito enquanto trabalhava e estudava que obtive o sucesso nas coisas que fiz.

Ter mantido minha criança interior viva dentro de mim e saber que ela se encontra presente hoje, agora, aqui, em tudo o que faço e no que farei é um dos mais poderosos códigos de superação que vivi em mim mesmo, e que reconheço nos estudos que realizo sobre os resilientes e as almas que voam para a invencibilidade das transformações.

As batatas, a coragem no mar, a luz da janela e a criança perpétua são os quatro códigos, os quatro segredos, as quatro sínteses da experiência que a vida me permitiu ter, viver e aprender.

Esses quatro códigos sintetizam o que me trouxe até aqui. Sugiro que você registre também seus códigos íntimos e pessoais. Todos nós já somos superantes. A descoberta de seu código pessoal e intransferível é o salto qualitativo para um passo além da superação. É o voo que estamos descrevendo.

Fiz tudo isso porque fui ensinado. Tive a sorte de aprender. Nada fiz só. Tive aliados, amigos, heróis que me apoiaram e que me levaram para o alto. O que faço agora é só agradecer e tentar fazer por merecer tudo o que tenho recebido. Compartilhar é dever, missão e prazer.

Dê um passo além da superação

De posse de qualquer código de superação, obtido por meio de alguma situação que você já tenha vivido, você poderá tirar forças para encontrar o código que permitirá dar um passo além. Talvez o verdadeiro passo além você já tenha dado antes e ainda não tem consciência disso.

Aprendi que é exatamente quando estou no meio de algo muito ruim, ou o que considero na situação como ruim, que ali vive a riqueza de um novo e espetacular aprendizado. A regra da superação, portanto, é que sua solução já nasce no núcleo do que a faz indesejável. Porém, sempre que a dificuldade e o obstáculo surgem, nem sempre é simples ter essa postura investigativa e filosófica, e quase sempre é difícil termos a coragem de enfrentá-los de verdade, tendendo a nos protegermos com o farto arsenal de distrações à disposição.

Também já aprendi que simplesmente algumas coisas que pensamos ser um imenso obstáculo, e para as quais precisaríamos de um exército íntimo de superações, ao final de algum tempo se revelam nada importantes, ou então são resolvidas sem que façamos nada, pois não eram nossas questões, não eram nossos compromissos, estávamos apenas iludidos e brincando de carregar o mundo sozinhos nos nossos ombros.

Um lugar aqui em Tel Megiddo que me impressiona é o altar sagrado. Foi construído ainda na Idade do Bronze. É uma pedra redonda e chata com cerca de 9 metros de circunferência. Os arqueólogos descobriram restos de animais e ossos, o que revela ser um altar de sacrifícios, em que se imagina, inclusive, humanos.

Gerações e gerações deram vazão, aqui nessa pedra na qual agora me deito para mirar o céu, às mais variadas práticas religiosas. Não posso negar sentir uma forte impressão perturbadora. Em minha mente, a imagem do anjo impactante e sedutor Yulia, soprando o texto do Grande Inquisidor, parecia viajar no passado primitivo, quando as populações de Megiddo preferiam as deusas fêmeas aos deuses.

Lá do profundo do profundo do Armageddon, na cratera daquele sítio arqueológico, para a pedra dos sacrifícios, um altar, eu iniciava uma busca. Sei que preciso oferecer algumas respostas. E aqui, do ponto focal em que tantas orações e oferendas aos deuses foram realizadas, fiz perguntas sobre o que significava superar sob diversos pontos de vista, e aqui os reuni.

1. Trauma

Lidar com o trauma e com suas consequências em vida é o que mais associamos à ausência da felicidade. Viver me permitiu passar por uma experiência de grande superação de trauma com meu acidente aos 4 anos de idade. Além das vivências concretas, a vida sempre nos apresenta formas distintas de traumas: o surpreendente, o imprevisível, o inesperado etc. Portanto, cada um tem um trauma vivido.

Superar o trauma e suas frustrações talvez seja a mais difícil de todas as provações. A ajuda científica, médica, psicológica, terapêutica é essencial e vital para que possamos contar com o conhecimento humano já comprovado no suporte a essa superação, pois permite que reencontremos as conexões neuronais da mais importante de todas as saúdes: a mental.

Contei com a ajuda científica no campo físico. Fui salvo, mas não pude usufruir, ao meu tempo, do apoio psicológico profissional ou de boas práticas terapêuticas. Então, deixo com você algumas regras que aprendi com muita sorte e ajuda de pessoas espetaculares.

Precisamos aceitar que a vida é feita de ciclos, e que felicidade e infelicidade são lados da mesma moeda do fato de estar vivo. Também é fundamental entender que algo que nos parece agora um infortúnio irá abrir a porta de uma gigantesca felicidade amanhã. Preste atenção à sua volta e à sua própria vida e constate quantas coisas consideradas indesejáveis e traumáticas serviram para abrir um caminho novo e que fez a diferença na sua jornada!

A superação do trauma inicia por você não aceitar que é um azarado, que isso só acontece com você, e que você foi escolhido para ser "o infeliz do mundo". O passo seguinte vai levar você a buscar novas amizades, novas relações e novos conhecimentos para poder sair do trauma.

Seja qual for o tipo de trauma, você só sairá dele com novas relações humanas na sua vida. Não conseguimos sair sozinhos de um trauma como o alcoolismo, por exemplo, e precisamos ter relações humanas.

A superação do trauma exigirá que você crie um novo papel de si mesmo. Você não vai superar nada se continuar achando que voltará a ser o que era antes. Não somos mais, depois de um grande choque, a mesma pessoa de antes: ou melhoramos ou pioramos. E o que precisamos buscar é a melhora.

Se, por um lado, um trauma danifica algo físico, patrimonial ou psicológico e traz dores, por outro permite o fortalecimento e a descoberta de potenciais e de valores humanos que são despertados a partir daquele obstáculo ou grave problema. Não seremos mais os mesmos, seremos diferentes.

Podemos até piorar, e pioramos quando terminamos dominados sentindo pena de nós mesmos. Mas melhoramos ao construir uma nova dignidade humana. Começar de novo um negócio, voltar a amar e se apaixonar sem medo, reaprender a andar, a ver, a ouvir, a falar, mesmo sendo deficiente em algum desses sentidos, ou adotando uma criança abandonada para ser com ela o que não soubemos ser com nossos próprios filhos é a nova tarefa.

A superação do trauma é sempre possível, e por mais incrível que possa parecer, ela nasce na alegria e na felicidade de curtir o novo processo, o método da nossa reconstrução, a vida real da superação.

Podemos alçar o voo dos invencíveis fortalecidos por conseguir ultrapassar uma dura luta, mas não conseguiremos sozinhos, e nunca mais seremos os mesmos de antes. Seremos outros criando novos papéis para a honra de uma dignidade evolutiva na vida.

2. Abandono

Abandonar o ser humano e abandonar a si mesmo é a mais dolorida de todas as dores. Na superação do abandono, preste atenção: cuidado se seus legítimos amigos não foram afastados. Começamos o processo do abandono ao termos os verdadeiros amigos distanciados.

Eles passam a ser substituídos por outros. Esses outros costumam dizer o que queremos ouvir. Confundimos dissidentes com traidores. Esse é um erro gigantesco. Dissidentes costumam ser ótimos mentores, pois simplesmente veem diferentemente, e, ao se colocarem, estão nos ajudando.

O abandono é o que nos faz tremer e entrar em crise de confiança. Em uma ação militar, por exemplo, é o medo de ser deixado para trás. Ir resgatar os que ficaram tem tanto a ver com a confiança e o moral dos que voltaram quanto com a justiça com os que caíram em uma frente de batalha. Em uma empresa, explicitar e evidenciar que fazemos de tudo para oferecer oportunidades aos menos capacitados é da mesma forma essencial para o ambiente e para a equipe.

A superação do abandono é a que exige a maior de todas as forças interiores para ser suportada e transformada. Ela é possível a partir da focalização dos nossos olhos, da nossa atenção. Nunca estaremos sós. Jamais. Mesmo no mais completo dos isolamentos, das solitárias do fim do mundo, nas UTIs do desespero silencioso. Não estamos nunca sozinhos.

Ao regressar de cirurgias dolorosas, com a cabeça totalmente enfaixada, sentindo o torpor anestésico passar e ser lentamente substituído por um ardor lancinante, e com o corpo inerte, ainda sem o movimento, na impossibilidade do movimento, da fala, nessa transição terrível eu me sentia totalmente só. Não havia a mão que poderia afagar com seu tato e calor alguma parte exposta do meu corpo.

Tive o desespero do abandono e garanto que não o venci só. Quando talvez estivesse a ponto da impossibilidade da resistência interior, sentia um sopro cálido. Parecia que o tempo era contado em outra dimensão. Uma ajuda carinhosa terminava por beijar os esparadrapos que me asfixiavam. Esses beijos abriam o caminho do ar. Sentia a calmaria do oxigênio. Novamente adormecia. Ao acordar, horas depois, já estava mais protegido, havia o movimento ao lado, uma voz, o carinho da enfermeira, uma nobre alma. Enfermeiras são anjos na Terra.

Aprendemos a conquistar seres humanos. Aprendemos a oferecer mais que pedir. Aprendemos a ter um balanço com um superávit imenso a nosso favor na lei da oferta e da procura. O mundo é rico em ofertas. Se acompanharmos a lei universal, se nos ajustarmos às evidências da criação, destruição, reconstrução seremos cada vez mais exportadores de nós mesmos do que importadores das energias alheias.

O que precisamos na superação do abandono é não ter dúvida. A fé, como ausência de dúvida das verdades, ainda não comprovadas cientificamente, mas que já nos habitam há milênios, nos salva do desespero; ou então nasce a partir da improbabilidade da saída pelos meios que nossa pequena razão ainda consegue estabelecer. Para a fé libertadora, nossa criança interior precisa sair para brincar de novo. Caso contrário, não vamos imaginar, criar nem brincar.

3. Infância

Conheço uma linda criança, doce, encantadora, comunicativa. Ela tem 10 anos. Seus pais, por razões das quais o mundo vive cheio de exemplos, passavam por graves problemas, desde financeiros até distúrbios psicológicos. Essa criança poderia até ser considerada abandonada, mas não era: tinha casa e recebia um amor descomunal dos pais.

Porém, era um tipo de amor que vinha embalado em uma ausência de saúde mental. Ela nunca estava só, pois, como que apegados a uma boia salva-vidas, os pais a acompanhavam em todos os lugares. A linda menina foi desde cedo se transformando em uma superante espetacular. Compreendeu que os abandonados eram seus pais.

Sem que os adultos percebessem, era a menina que cuidava deles, que guardava os remédios. Essa pequena jovem aprendeu a cuidar logo cedo. Após uma doença grave, a mãe faleceu. Nessa hora, com a tristeza da partida daquela mãe dependente, uma nova vida teve início. Uma libertação havia ocorrido.

A partida da mãe a levava para uma casa gostosa, onde começaria a ter uma vida nova de criança guiada pelos parentes que a assumiam a partir dali.

A superação dos problemas da infância ocorre quando logo cedo percebemos que temos responsabilidades na felicidade da casa, dos nossos pais, dos amigos. É uma maturidade que ocorre logo. Mas a superação da criança também se dá quando não temos medo da criança que somos, quando não nos envergonhamos de brincar e de ser a criança. A superação da criança é resultado de uma mistura entre uma consciência que amadurece para a vida enquanto uma semente infantil, das essências, perdura em tudo.

Os autores do livro *O sucesso tem fórmula?* entrevistaram personalidades de todos os lugares, desde empresários, artistas, jogadores de futebol, sobreviventes da guerra e, no Brasil, entrevistaram a mim e ao querido maestro João Carlos Martins. Pediram minha definição sobre "o que é o sucesso" e consideraram a definição que dei a mais ampla, envolvente e perfeita de todas: "Sucesso para mim é manter viva a criança que você foi um dia e saber que ela está presente em tudo o que você é e faz hoje".

Isso significa nunca matar sua criança interior, pois se isso acontecesse, a felicidade, o maior de todos os sonhos e desejos humanos, seria absolutamente impossível. A superação na criança é muito facilitada quando ela descobre o mais cedo possível seu "dom".

Descobrir o melhor de si, em si, e contar com um ambiente e uma educação que apoiem esse processo de autodescoberta é a explicação para o surgimento de tantos "gênios" que conhecemos hoje. Existe muito mais de educação e formação na vida dos grandes gênios do que contamos nos seus casos de sucesso. Mozart, Beethoven, Bach, João Carlos Martins, Guiomar Novaes, Pelé, Ghandi, José Bonifácio de Andrada e Silva, Santos Dumont, Ozires Silva e muitos outros são provas vivas do que colheram por meio de formações sólidas.

Outros conseguiram colher do mundo seu talento de comunicação. A comunicação, o poder com o qual uma criança aprende a se relacionar com o mundo externo, provoca imensas diferenças na sua vida. Silvio Santos, Beto Carrero, Barão de Mauá, Lula e o pintor baiano Ed Ribeiro são extraordinários exemplos do poder de comunicar.

Todos vieram da base da pirâmide social, não contaram com a educação formal nem com a existência de nobres guias e mentores; porém, conseguiram extrair do mundo lições precoces e poderosas. O talento da empatia associado a uma força da alma, um tônus vital, conduziram-nos para superações inexplicáveis quando submetidas a uma fria análise.

A superação da criança e a que devemos guardar para todas as nossas fases de adolescência e maturidade é a autenticidade e a pureza com a qual nos comunicamos, primeiro intimamente no diálogo interno e, ao mesmo tempo, com o mundo que nos cerca.

4. Amor

Superar no amor doce é fácil. Difícil é superar no amargo. O quanto amamos o amar é toda a diferença na arte da superação no amor. Nietzsche afirmava: "Amamos a vida não porque nos acostumamos a ela, mas porque nos acostumamos a amar... Corajosos, despreocupados, violentos assim nos quer a sabedoria: ela é mulher e ama somente quem é guerreiro. Há sempre alguma loucura no amor, mas há sempre, também, alguma razão na loucura".

Não é possível dizer que amamos alguém até termos, de fato, superado com essa pessoa situações que normalmente não enfrentaríamos sozinhos. O que separa seres humanos no amor é a evolução. Um caminha para um lado, o outro estaciona ou segue para outro lado. O não enfrentamento juntos separa e desarticula o amor.

A verdade máxima de estarmos unidos no bem e no mal, no prazer e na doença, na união do que significa uma jornada de aprendizado e de crescimento em uma vida é a base do amor. A paixão é um amor resplandecente, uma explosão que nos atrai para um ser potencialmente amado.

Descobrimos com o tempo que a superação no amor é a imperiosa necessidade que sentimos de amar mais que sermos amados. A paixão é o ímã do amor instantâneo, o amor é a paixão da afinidade eterna. "Que seja eterno enquanto dure", o querido poeta Vinicius de Moraes dizia ser sua máxima ao sentido de dar-se às paixões.

Múltiplos elos de diferentes paixões podem formar uma corrente de amor, por mais instantâneas que possam ser, mas nada pode ser comparável ao valor do primeiro elo que obtém a capacidade de se multiplicar e criar tantos elos adicionais quanto o tempo da vida pedir, evoluindo e formando uma corrente flexível, rica, generosa e plena de novos papéis e vidas vividas dentro da mesma pessoa.

Evoluir junto é superar no amor que forma o alicerce para escaparmos das distrações. Tenho profunda admiração pelos casais que cresceram, evoluíram, superaram as jornadas heroicas da vida juntos e, ao olharem um para o outro, anos após o primeiro olhar, ficam ainda tomados pela mesma emoção original da luz explosiva daquela paixão.

Fico também entusiasmado com aqueles que tentam uma, duas, três vezes, e não se cansam de continuar buscando, com a coragem da vontade, um amor, ao que possam dizer, essencial. Não superar no amor é toda a acomodação, é o tolerar sem o desenvolvimento das descobertas, sem o continuar amando perfeições e imperfeições, é a ausência da dignidade.

Quando nos falta a verdade do amor, estamos nus de dignidade. A ausência de amor a uma profissão, a uma causa, a um país, uma responsabilidade, um pai, uma mãe, um irmão, um amigo, uma amiga, uma esposa, um marido decide a impossibilidade do voo superior na vida, nos afasta do código de qualquer superação e impede o amor vital: amor próprio. Sem amor próprio, não conseguimos dar nenhum passo rumo ao enfrentamento do mundo externo e à correção das nossas fraquezas. Ter vergonha de fazer algo malfeito representa amor próprio. Ter vergonha de envenenar a sociedade com a corrupção e o crime do colarinho branco significa ter amor próprio. Ter vergonha de não se expor para lutar contra uma injustiça representa amor próprio. Ter vergonha de não assumir erros, convicções contraditórias, o que considera sua verdade, é ter amor próprio. Ter medo de fazer o que precisa ser feito, e que é desagradável para a pessoa amada, mas que deve ser feito, é não ter amor próprio.

Viver é aprender a fazer o que precisa ser feito dentro dos valores do amor. O amor precisa ser sustentável. Para isso, deve poder resistir ao tempo. O amor não pode tomar emprestado do futuro para resolver um presente. O amor é sempre. A paixão é agora. Amor e paixão, essa é a combinação gostosa. Mas, entre uma e outra, a superação cobra o amor.

"Te amo, mas devo partir", assim disse uma amiga minha ao seu companheiro depois de concluir que seria impossível se ajudar e ajudá-lo se mantivessem uma união anestésica e sem coragem para o enfrentamento do que a vida lhes demandava. O amor salva se usado para uma compreensão da possibilidade do sempre, para a Terra do Sempre.

Minha mãe biológica salvou minha vida ao fugir da Espanha e ir dar à luz a mim em Santos; ela permitiu que eu vivesse experiências que jamais teria tido a chance de viver, deixando-me com os parentes adotivos mais sensacionais do planeta. Sinto até hoje seu choro na despedida e a reverencio e digo a ela: "Muito obrigado, não chore mais; sorria, veja o que seu amor fez por mim, me permitiu a vida e realizar um compromisso de alma. Felicidade, mãe querida, estamos juntos e estaremos para sempre nesta Terra do Sempre".

5. Competição

Competir, superar marcas, curtir o sabor da vitória, buscar a excelência, exercitar a comparação no melhor do seu limite, sentir um prazer gigantesco que inunda a alma de orgulho. Os campeões excepcionais sentem três verdades dentro de si:

- Sensação de intenso poder e eternidade íntimos, com os feitos sensacionais realizados, dentro de si, em um compromisso com eles mesmos.
- Grande satisfação pelo que seus feitos extraordinários provocam nos demais, no entorno, na audiência, nos espectadores, no reconhecimento das pessoas.
- Humildade para compreender que sem a cooperação de muitos, da equipe, do time, dos orientadores, das estruturas, do ambiente e da imponderável sorte, ou lei do acaso, jamais conseguiriam.

Tive a chance de conviver com Pelé. Fizemos filmes publicitários juntos, viajamos e, ao falarmos de poder competitivo, o atleta do século talvez seja um dos maiores fenômenos da história do mundo. Perguntei a Pelé se havia alguma jogada que ele preparara e nunca teria feito. "Sim", disse ele. E explicava como uma criança como faria.

A tal jogada era dar um salto mortal por cima do marcador e pegar a bola nas costas dele. Perguntei quando ele havia assumido a liderança e um compromisso total com a vitória em uma competição. Ele falou da copa de 1970, disse que precisava vencer, que era a última da carreira. E falou que acontecesse o que fosse fora da competição, nada tiraria seu foco. Ao final do dia, reunia-se com os outros jogadores e rezava, na busca de um sentido que fica fora do contexto exclusivo de um campeonato em si.

Pelé não aceitava jogar mal e perder nem em treinos, nem em amistosos, ou em apresentações festivas. O sentido da vitória o fazia estar inteiro, focado e concentrado o tempo todo. Essa capacidade de foco se parece com uma fera em estado de prontidão para a caça ou um combate.

Para competir, Pelé precisou aprender a se defender. Jogou contra marcadores leais e desleais, enfrentou preconceitos, foi chamado de "macaquito", brigou e gritou com os companheiros em momentos difíceis e aceitou broncas do capitão Zito, quando andou distraído em campo e na vida. Sobre a sorte ou a lei do acaso, perguntei sobre um dos momentos mais importantes de sua vida e Pelé disse: "No começo da minha chegada no Santos, um jogo por um campeonato da cidade, com o Jabaquara. Pênalti aos 45 minutos do segundo tempo. Fui bater e joguei a bola por cima, longe do gol. O Santos perdeu o jogo e o campeonato. A torcida me xingou muito ali, falaram palavrões, disseram que eu era um 'perna de pau'. Naquela hora, decidi que não queria ser mais jogador de futebol. À noite, como morava na concentração do Santos, preparei minha mala e às 6 horas da manhã decidi fugir, voltar para a casa dos meus pais em Bauru. Quando eu estava saindo do campo, vinha entrando o Sabuzinho, filho da cozinheira. Trazia pão e leite para o café da manhã. Ele me viu saindo, me deu uma bronca e me colocou para dentro, não me deixou ir embora. Voltei, fui dormir e esqueci que não queria mais ser jogador de futebol... Se estivesse a uns 20 metros a mais ou a menos, a uns 40 segundos a mais ou a menos, alguns instantes apenas e eu não teria encontrado o Sabuzinho, e então, talvez jamais tivesse me transformado no Pelé!".

A superação na competição envolve sempre a sabedoria da cooperação. Para competirmos do lado de fora, precisamos cooperar do lado de dentro. Para competir do lado de fora precisamos expulsar os inimigos do lado de dentro, e muitos deles vivem dentro de nós mesmos.

A competição externa é um meio e não um fim em si. Ela nos revela o potencial humano e precisa nos conduzir para a humildade, o humanismo e o humor, os famosos *3 Hs* das virtudes competitivas. Claro, não gostar de perder, mas saber que será impossível vencer sem ter uma sucessão de derrotas.

Ninguém nasce campeão. Precisa prestar atenção nos melhores, admirar os melhores.

Não superamos um adversário se não o admiramos. Ao admirarmos o adversário tomamos para nós seus pontos fortes e vamos buscar a vitória sobre suas angulações menos favorecidas e fortalecidas em nós. A superação na competição exige autoconhecimento. Só é obtida com foco, amor próprio e acima de tudo com a consciência da equipe.

Todos os campeões terminam por desenvolver um estilo, uma marca, uma grife. São criativos e criadores. A superação na competição também pede que não fiquemos acomodados e estacionados com os resultados do passado. Saber parar é outra marca dos campeões que transcendem o tempo. Sair por cima. O que não impede a volta, já sob outros fundamentos de alma.

Michael Schumacher, o alemão voador, foi criticado por muitos ao retornar à Fórmula 1 já sem as condições de ser o mesmo campeão. É genial isso, pois ele estava lá por um desejo íntimo, uma vontade de estar nas pistas, e não poderia haver demonstração maior de superação do ego anterior, do personagem anterior, do que esse retorno para participar como os demais.

Superação na competição também é quando decidimos não mais participar daquela competição. Já subimos no ringue, já batemos, apanhamos, já sabemos como é, já vencemos, perdemos, e agora não queremos mais fazer aquilo. A decisão de sair não representa desistir da vida. Seremos simplesmente competitivos em outras arenas. E na vida existem cenários intermináveis para exercitarmos essa vontade superante de ousar e de estabelecer marcas desafiadoras.

Estar preparados é o que podemos fazer de justo na competição, entender que ela nunca será um fim em si, mas um meio para os comprometimentos da alma, e que jamais seremos campeões sozinhos e que muitos anônimos irão participar disso. O segredo? Ofereça chances ao acaso. Permita-se dar-se à vida. Talento é o potencial humano de permitir-se passar pelas experiências.

Nem sempre vencer é chegar em primeiro lugar. No pódio da corrida da alma, o ponto mais alto é um voo que pode ficar invisível, e a invencibilidade ser um gosto particular e exclusivamente seu. Descobri muitos anos depois que meu pai me deixava ganhar sempre, quando competia com ele no mar de Santos, para me estimular a não parar.

6. Carreira

A superação na carreira virou um plano muito mais complexo do que era no passado. Um cirurgião hoje, aos 60 anos de idade, ao contrário de pensar em se aposentar precisa estudar o que a nanomedicina está fazendo em seu campo de especialização.

Nas carreiras, nascemos como bons e capazes especialistas e precisamos criar talentos e competências. A superação na carreira exige a vontade da prontidão de sempre querer "aprender a aprender".

A diversidade cultural dos múltiplos conhecimentos vai moldando o moderno profissional. Precisamos colocar o foco das atenções em profissionais admiráveis para incorporar valores, atitudes e padrões competitivos e éticos.

Não tenha uma carreira só. Desenvolva, em paralelo à sua carreira, carreiras de apoio, de suporte. Saiba que as carreiras são compostas de ciclos. Os ciclos têm começo, meio e fim, que estão cada vez mais velozes e começando mais cedo neste século XXI. Um menino já é chamado para um "pré-contrato" como atleta, ou como artista, ainda antes dos 10 anos de idade.

Em uma corporação globalizada, somos convocados para postos de liderança ainda sem termos a maturidade ideal da vida. E, se tudo começa mais cedo e mais velozmente, também termina cedo. Não é mais possível imaginar ficar fazendo a mesma coisa até esperar a antiga sonhada (e desesperada) aposentadoria.

Participe de associações, de entidades de classe, esteja junto a sua categoria profissional. Preste serviço nas organizações. Não pare de estudar nunca. Faça de cada viagem de negócios uma descoberta. Registre o que aprendeu. Escreva artigos. Compartilhe suas experiências em palestras, aulas, blogs. Idealmente, seja também um acadêmico. Procure se desenvolver como professor. Comece no próprio lugar em que se encontra.

A resposta à pergunta: "O que você vai ser quando crescer?" não deve ser mais feita. Ela é de um tempo "do lento", do "lombo de burro", do cavalo, da carruagem, do bonde. A pergunta agora é: "O que você já é?". O que somos agora já é o resultado do futuro. Uma criança já é para poder vir a ser.

Use a moderna tecnologia que permite gerenciar o tempo como "ar comprimido" a seu favor. Podemos comprimir o ar de um Maracanã dentro de um pequeno tubo. Precisamos fazer o mesmo com o tempo. O tempo é um gás extraordinariamente mais volátil que o próprio ar, e, portanto, valorizar o instante é sagrado na superação da sua carreira.

Diversifique o que você se permite sentir. Se sua área é de Exatas, permita-se experiências em Humanas e vice-versa. A importância que o estudo da eletrônica teve na minha carreira, que se deu na área de Humanas, tem sido fundamental. Eu não era bom em eletrônica, e não seria um grande profissional nessa área, pois não tinha muitas habilidades, mas ter aprendido os conceitos, as regras, as fórmulas, tudo isso serviu para, como executivo de marketing, tratar de planos ao lado de engenheiros, nas organizações e clientes que tenho.

Vejo que os mais criativos, brilhantes e capazes cientistas e geneticistas com os quais trabalhei eram aqueles que haviam se desenvolvido nos campos da filosofia, história, artes. Portanto, Humanas, Biológicas e Exatas não podem viver separadas, isoladas.

Nas carreiras, podemos começar como um engenheiro mecânico, por exemplo, mas logo precisaremos saber atuar em equipe, teremos oportunidades como gestores, e isso envolverá toda a administração, já que muitos podem ter oportunidades como diretores comerciais, de marketing e de logística, por exemplo.

Supere-se em sua carreira. Seja melhor do que você é a cada dia.

Todos conhecem bem meu admirado amigo João Carlos Martins. Sua superação é um caso espetacular. O maior intérprete de Bach do século XX ficou impossibilitado de continuar tocando, por esses obstáculos teimosos do mundo real que decidem encerrar sua carreira, e transformou-se em um maestro já com mais de 60 anos, quando muitos já desistiram, bem mais cedo, do sentido de sua vida. Mas o belo do querido João não é só isso. O sensacional foi o passo além que ele deu, e nos relembra: ele mantém uma orquestra com crianças de comunidades carentes e oferece para centenas desses pequenos seres a chance da descoberta daquele sopro divino que lhes foi também concedido na origem da Terra do Sempre. O João poderia ser apenas um grande superante, que se transformou em um competentíssimo maestro. Mas tem sido muito mais do que isso, um passo além da superação; esse maestro já tem a alma livre e com a sua liberdade liberta milhares de pessoas.

7. Educação

A educação mudou. Agora, pela determinação de um novo mundo, precisa ser para todos e não mais apenas para uma elite ou para aquelas almas nascidas mais fortes ou conscientes que outras, por alguma lei desconhecida.

Sou professor há mais de trinta anos. Vejo classes de alunos nos programas de pós-graduação sempre apresentando configurações parecidas: 20% dos alunos ótimos, 10% muito ruins e 70% na turma do meio. Como engajar os 80% da turma do meio, dos seguidores, e os outros 10% na área do completo desânimo ou dos instintos mais perversos e malévolos? Eis a questão.

A superação na educação pede redescobrirmos os modernos meios "ludocriativos". Antes, na educação clássica, éramos levados a pensar, depois a fazer e por último a sentir. Agora, precisamos fazer, depois sentir, para então pensar. E tudo isso velozmente, integrado: faça, sinta, pense.

Quando vejo as amadas professoras do Ensino Fundamental, fico imaginando como essas heroínas podem competir com os estúdios da Disney, com a magia das produções cinematográficas da Pixar, com a MGM ou mesmo com o talento sedutor da Central Globo de Produções e dos demais meios de comunicação do Brasil e do mundo. Ou como competir com o Salman Khan, apoiado por Bill Gates, que ensina matemática para mais de 4 milhões de alunos pela internet em sua Khan Academy?

Quando descobrimos o poder das redes sociais e da interconexão, imagino como pode um professor de graduação ou de pós-graduação competir com o acesso à informação hoje disponibilizada, e com o mágico universo audiovisual do 3D, da holografia e do reino imperial das emoções experienciais.

Os críticos da educação dizem que "a escola está morta". Porém, sempre que me encontro com as professoras do Ensino Fundamental, não consigo não amá-las profunda e verdadeiramente. São heroínas do planeta. Precisam de gigantescas injeções de superação para si mesmas, suas famílias, seus filhos; para superar as estruturas burocráticas, os poderes hierárquicos do ensino e até colegas não tão conscienciosos. E, principalmente, as professoras precisam de superação para lidar com a família das crianças, com o abandono por parte de muitas famílias ou com o falso amor da proteção despropositada por parte de outros.

Quando olhamos a transversalidade dos conhecimentos e sabemos da importância do ambiente, da diferença que o padrão do ambiente provoca positiva ou negativamente na vontade de aprender, imagino qual é o sentido dos atuais programas de mestrado e de doutorado, em que a quase totalidade das teses oferecem quase nenhum aporte à inovação mais enterradas que as mais profundas rochas, permanecendo no Armageddon, de onde agora medito e compartilho.

A superação na educação tem de vir por meio de investimentos criativos e de ponta na oferta de materiais interativos, audiovisuais e lúdicos, em uma integração da cadeia produtiva da educação, de maneira muito mais clara e capitalizada do que temos hoje.

Os professores não são os únicos heróis salvadores do mundo humano. Fazem parte e têm um papel sagrado, mas a sociedade precisa reverenciá-los, reconhecê-los, admiti-los.

A educação é um dos elos da cultura. A cultura como um todo é o invólucro do espaço dignificante humano. A educação é um compartimento dentro da cultura. A moderna indústria precisa oferecer produtos e serviços educativos, inserindo a educação decisivamente nos espaços dos programas de entretenimento e culturais que criam e constroem o ser humano.

Os papéis sociais são influenciados pelos personagens das novelas, dos filmes, da música, da arte e do esporte. A superação na educação passa pela consciência das lideranças, dos famosos e das estruturas corporativas. Não é mais uma questão do esforço dos governos, mas uma causa coletiva, além da libertação que as burocracias criam, e do medo que os atuais doutores possuem da abertura global aos doutorados e seus reconhecimentos além das fronteiras.

Não pare de estudar nunca. Agora, enquanto escrevo este livro, sigo em meu doutorado no Uruguai. Jamais abandone o estudo, seja o que for. Sempre iremos aprender algo que irá mudar nossa vida, ou será mais um tijolo sagrado na nossa construção humana.

Capital humano: esse é o novo nome do jogo do século XXI. Grande notícia, espetacular evento. Passamos a ter valor pelo conhecimento, pela competência que, mais que saber, significa reunir uma série de saberes que permite realizar, entregar. É saber fazer.

8. Derrota

O que é uma derrota? Uma alavanca para uma vitória, um começo ou um fim? Existem derrotas definitivas? Talvez uma possa ser: a de não querer ver que toda e qualquer derrota é sempre um sinal, um portal aberto para uma revisão e reconstrução de caminhos e de sentidos.

Aprendemos muito com as derrotas, assim como com as vitórias. A superação na derrota é a humildade para tirar lições. No meu primeiro festival de música popular, no qual minha música foi inscrita sem que eu soubesse por um grande amigo, esses que nos empurram para a vida legítima, eu estava todo entusiasmado, orgulhoso e achava que iria chegar à final.

Para minha frustração, a música foi inscrita mas não foi selecionada para a grande final. Fiquei triste, achando que não tinha futuro na música, com o real sentimento de perdedor. Se não tomarmos cuidado, nossa cabeça se justifica e logo cria bons motivos para explicar por que não conseguimos andar os últimos passos de uma jornada, e nos faz esquecer de todas as vitórias anteriores, que nos fizeram chegar até ali, incluindo o amor e a força recebidos de muitas pessoas.

Bem, lá estava eu deprimido quando prestei atenção na música campeã. A música que havia ganhado o festival era simplesmente sensacional. Nunca esqueci e consigo me lembrar dela até hoje. Gravei a melodia, a letra e o arranjo que tinha sido feito. Aquela ótima e surpreendente música não saiu da minha cabeça. Não fui falar com o vencedor naquela hora, mas passei a admirar o compositor que ali estava.

Não senti inveja, senti admiração e respeito pelo seu talento. Passados uns dias, graças à minha aparição naquele festival, recebi convites para fazer trabalhos com música para o teatro, o que mudou decisivamente toda a minha vida. E, já em um ponto mais elevado do meu voo artístico, conheci pessoalmente aquele ótimo compositor da música que havia ganhado o festival.

Conversamos, tocamos violão, mostramos outras músicas um ao outro. Em seguida, já em outra competição musical, eu me inscrevi e ganhamos com uma música em parceria com outro amigo. E, naquelas novas músicas, com certeza eu já havia incorporado elementos, e o melhor é que tinha aprendido com o compositor vencedor de antes.

A superação na derrota exige a humildade de aprender lições e de conhecer as forças e os diferenciais mais significativos dos adversários. Podemos incorporar o que há de bom nos outros, e isso não nos fará somente imitadores, não seremos "copiadores". Ao captar o que existe de melhor no mundo que nos cerca e nas derrotas, isso fica muito claro na nossa vida. Apreendemos e transmitimos aos nossos neurônios informações e insumos que irão fazer a diferença no momento seguinte da síntese criativa. Um vencedor é aquele que aprende com os vencedores, nem que sejam aqueles que o fizeram perder um dia.

A derrota também pode nos dar sinais decisivos para que não gastemos nosso tempo e nossa energia onde não está nossa maior vocação. Não há tempo em apenas uma vida para não prestar atenção no seu melhor e ficar achando que podemos ser geniais em tudo, ou naquilo que cismamos, ou, ainda pior, naquilo que alguém coloca na nossa cabeça.

O pai de Charles Darwin achava que ele tinha de ser agricultor, a mãe o estimulou na busca de um talento raro na época. Imagine se Darwin tivesse colocado na cabeça que deveria ser um grande produtor rural? Talvez o mundo jamais conhecesse suas descobertas e tivesse conquistado apenas um medíocre agricultor. Ele até insistiu, mas era frequentemente malsucedido na área agronômica. Derrotas também servem de avisos.

A superação na derrota tanto pode significar um estímulo para correções, aprendizado e superação na busca pela vitória naquilo que estamos fazendo quanto pode servir de alerta para mudarmos o segmento, o foco, o lugar, e buscarmos um ramo, ou um assunto, em que nossa vocação íntima esteja mais próxima da dedicação que é preciso ter para fazer bem feito qualquer coisa na vida.

O segredo também passa por saber que você pode ser um ótimo Dunga, e não ficar imaginando que só irá jogar futebol se virar Pelé. Nem só de Romários, Neymares, Ronaldinhos e Messis vive o espetáculo da vida. Ótimos coadjuvantes são, da mesma maneira, fundamentais e extremamente dignos, e tão vitoriosos e importantes quanto os outros nas suas específicas posições e missões.

9. Morte

A morte continua sendo um choque. Nunca somos os mesmos depois da morte de um ser amado. E muitos de nós jamais se recuperam do sentimento de infelicidade da morte e, tal qual uma doença, ficam possuídos por desânimo, melancolia e perda da vontade de viver. A infelicidade, como uma doença, avança subrrepticiamente. Só tomamos consciência da perda da felicidade à distância.

Para outros, a morte de uma pessoa amada significa, ao contrário, uma alavanca para a vontade de viver, para fazer valer o esforço de quem se foi. É assim que me sinto depois da partida de meus adorados parentes adotivos, meus tios, pai e mãe. Eles me encheram de amor, o que foi o gigantesco meio que me permitiu crescer e superar muitas provações.

Mais que a superação dos momentos presentes vividos, meus parentes adotivos me muniram com fortalezas para o enfrentamento do futuro. Fui preparado para uma jornada na qual eles sabiam que não poderiam mais estar ali afagando minhas dores e me provendo. Portanto, o reconhecimento e o amor que tenho por eles (você pode imaginar) são impossíveis de ser descritos.

Mas a morte deles, se na hora apresenta sempre um choque, um imenso sentimento de perda, por outro lado, em seguida, revela o quanto você fica forte para continuar com a saga da vida.

Também descobrimos muito do valor invisível da pessoa amada quando da sua partida. Parece que seus valores e os mais valorosos ensinamentos clonam nossas vidas.

A superação na morte também nos tranquiliza ao nos conscientizar de sua inevitabilidade e na crença dos saltos que nos permitiriam aceitar a eternidade da alma. Porém, mais que nos afogarmos nas questões físicas e metafísicas da morte e do pós-morte, o que considero a mais importante de todas as superações na morte é o ensaio da razão do por que vivemos e de como o faremos daqui em diante.

Quando meu pai adotivo faleceu, em um acidente de bicicleta em Santos, meu grito de sentimento e meu choro foram resultado da compreensão de que meu maior amigo havia partido. Que eu não ia mais falar, ver e abraçar meu maior amigo. Senti a partida do meu pai Antonio como a do maior amigo que eu poderia ter tido no universo.

Essa constatação, essa força de sentimento, essa clareza só obtive ao ver sua morte. E o que percebi naquela hora foi o quanto eu havia deixado de falar com ele, de estar com ele. Como eu havia ficado em silêncio ao lado dele, quando poderia ter feito muitas perguntas, muitas.

Minha sensação foi a de não ter valorizado suficientemente o tempo que a vida me permitiu ter ao lado de meu pai adotivo. Não aproveitei cada instante. A superação na morte me fez reunir todas as peças de um quebra-cabeça do melhor que eu tinha aprendido com ele para constituir o lado consciente da minha mente. A pessoa viva faz parte da consciência, pois é real; você a vê, a toca. Mas o invisível da pessoa viva parece que só vamos assimilar na sua morte. Você não mais a vê, ela não fala, não escuta, a sua ausência física deixa um gigantesco vazio na casa, no espaço. Onde ela andava ficam somente as memórias e as recordações.

Em contrapartida, nosso poderoso cérebro, um simulador de experiências que triplicou de tamanho nos últimos dois milhões de anos, começa a expelir e a dar visibilidade ao que era invisível.

A superação na morte constitui a possibilidade de criarmos uma vida eterna para quem morreu ao revivermos e nos lembrarmos sempre, cada vez mais, da sua alma, e cada vez menos de sua aparência física. O físico vai sumindo, desaparecendo, e o que sentimos é uma imagem, um vulto, uma manifestação expansiva, que passa a existir e estar presente, sempre. Saímos da Terra da Passagem e retornamos à Terra do Sempre.

Os que aqui ficam precisam tomar consciência de que também são passageiros de um tempo volátil e curto. Inevitavelmente, iremos rever, reencontrar ou nos reconstituirmos no plano das almas que alçam os voos dos invencíveis. Ah, mas e se eu não acreditar em Deus? Não se preocupe. Pense em Deus como uma explicação da realidade, e tudo vai ficar mais calmo.

Na antropologia geral, cinco são as áreas das experiências culturais e dos sentidos humanos na Terra: a identidade, a memória, a sacralidade, a aparência e o intercâmbio. A identidade trata do indivíduo e do grupo. A memória ocupa um lugar central nos fenômenos dos sonhos e das histórias. O sacro, o sagrado, a sacralidade atua sobre as distintas dimensões e a metafísica da vida. As aparências atuam no campo das percepções e o intercâmbio é o que explica o homem moderno, o poder da comunicação.

A superação na morte é dominada pelo campo sacro, o metafísico, a sacralidade. Não há como não alterarmos o pensamento ao desconhecido, ao invisível. A busca de um conforto superante na morte advém, em grande parte, da esperança de um lugar melhor onde a pessoa amada agora habita. Meu pai adotivo era ateu. Minha mãe adotiva era dona da mais pura e profunda fé imaginável. Fui criado entre um ateu e uma pessoa de fé pura. Para mim, hoje, ambos vivem profundamente dentro de mim, com sua presença invisível.

Mas e a superação na nossa própria morte? Acredito que criamos a vida da alma à medida que permitimos sua construção no exercício desta vida que temos agora. Creio na superação da morte se não formos abandonados pelo esquecimento, pois a força de um único pensamento percorre todo o espaço do universo e atinge um extrato das nossas emissões de luz onde quer que estejam.

Creio na superação da morte pela qualidade da vida aqui exercitada na direção das forças do bem. Creio que existem sim lutas verdadeiras e gigantescas entre as forças evolutivas *versus* as da entropia, da degeneração. Compreender e tomar esse sentido, que está acima do contexto estrito de uma vida terrena, é a superação da morte.

E esse movimento superante não acontece quando morremos, ou quando um amor morre. Ele ocorre na plenitude da vida. Ao superarmos em vida, criamos as asas para o voo dos invencíveis. Só é preciso encontrar o segredo, o código único que permite acessar todas as superações.

10. Agressão

A flexibilidade é o jogo de cintura para contornar e colocar um rumo saudável na agressão. Ela pode ser a violência desordenada das enxurradas, dos *tsunamis,* ou fruto de um rearranjo caótico. Pode ser vital para empreender, para executar, para decidir uma forte superação.

Oscar Niemeyer é um desses exemplos que não só têm escrito uma obra permanente de superação, como também é alguém que deu muitos passos além da superação. Permaneceu ativo com mais de 100 anos e entregou todo seu dom para a humanidade. Sua arte é agressiva, pois sem isso não seria competitiva e não alcançaria visibilidade, porém é, ao mesmo tempo, de uma estética única. Ele disse: "Não é o ângulo reto o que me atrai. Nem mesmo a linha reta, dura, inflexível. O que me atrai é a curva livre e sensual. A curva que encontro nos morros do meu país, na mulher admirada, nas nuvens do céu e nas ondas do mar".

A violência é uma forma agressiva de dominação e da loucura humana, mesmo entre aqueles que dizem se amar. O poder da agressividade está tanto a serviço do bem quanto do mal e ainda é preciso sermos muito agressivos, no esforço da ciência e da vontade da descoberta, para mergulharmos na profundeza dos conhecimentos que permitam termos direito a sermos cada vez melhores guerreiros da justiça.

Agora retornando para dentro de cada um de nós, vale a pergunta: quanto de engano mentiroso reside poderoso na carcaça dos nossos pensamentos e crenças, bem como falsas intuições, aprisionando o voo livre das nossas almas? Quanto da boa agressividade nos falta para a luta que precisa ser travada?

Uma mãe condescendente com a falta de empatia de um filho termina por ser tornar permissiva da agressividade nefasta. Um pai que desencoraja um filho da boa luta da vida, da vontade de crescer, de prosperar, que amputa na criança a potencial descoberta de seu melhor dom e vocação é um agente agressivo da ausência do bem.

Uma sociedade que não promove locais e ambientes de resgate de crianças e jovens para a canalização da agressividade fértil, aquela que empreende com sustentabilidade, termina por se constituir em um desses dragões de fogo do apocalipse cotidiano, em que o tempo não é o que vai vir, é o que já está.

11. Beleza

Como podemos abordar a superação no tema beleza? A ditadura que se impõe hoje. Interessante observar um desfile das mais belas e belos modelos do planeta: eles não riem. Rir é exceção. A beleza, ou a percepção do que seja o belo, já provocou desgraças e continua causando para muitos ao longo de todo o tempo.

Uma linda menina de cabelos encaracolados, que era um padrão de beleza em alguma época do passado, não suportava ser chamada de "menina Bombril" por seus colegas no sempre presente *bullying*. Por causa disso, na adolescência, passou a fazer escova para ficar igual às outras meninas: cabelo liso e louro. Ao ficar igual às demais, foi percebendo que sua beleza era simplesmente mais uma. Todas tinham a mesma etiqueta, o mesmo padrão, ficavam iguais, tal qual *commodity*: arroz igual a arroz. Depois dos 35 anos assumiu novamente seus cabelos encaracolados. Faz escova? De vez em quando, só para variar. Porém, veja o que um simples cabelo e uma percepção da massa sobre a beleza podem fazer no estado psicológico de uma bela mulher.

Isso funciona como uma daquelas poderosas distrações que tiram o foco do seu dom, da sua vocação e do seu melhor, fazendo com que muita energia seja gasta na preocupação com um cabelo enroladinho *versus* lisinho, como se isso representasse a encruzilhada decisiva da sua aceitação pelo mundo ou não!

Admiro muito a Priscila Sotério. Conheci-a em uma palestra no Hospital do Câncer, uma autêntica guerreira. Desde pequena, com uma terrível doença no rosto, nos olhos, fez cirurgias em cima de cirurgias e todos os tratamentos imagináveis. Porém, Priscila conseguiu colocar um anteparo entre os nossos olhos de observadores e a sua pessoa. Ela foi além da superação, pois superar no caso dela seria somente manter-se viva. Priscila instalou a beleza da sua alma entre quem olha até que as ondas da luz desses olhares cheguem ao seu rosto e ao seu corpo. Dessa forma, o que sentimos ao olhar para a Priscila é a beleza de uma princesa de conto de fadas e a dignidade de uma rainha bondosa. Priscila veio me visitar um dia com seu marido, um homem que a amava profundamente. Priscila falava dos seus planos de trabalho. Ela é jornalista e vive inspirando e estimulando um monte de gente a transformar as adversidades da vida em permanente superação. Ela poderia ser egoísta, ser uma pedinte e viver com pena de si mesma. Nunca faz isso. Priscila é doadora e não tomadora. Outro dia me pediu um texto para acalmar as mulheres gordas, pois escreve em um site e sente que a obesidade é um terror para as mulheres.

Mandei para ela um trecho do livro *As esganadas*, de Jô Soares: "Existe um preconceito velado contra a obesidade. Na verdade, dificilmente os homens o sentem. Podem ser gordos inteligentes ou ricos ou oferecerem tantos outros atrativos. Quem sofre o problema com maior intensidade são as mulheres. As mulheres gordas. Os eufemismos mais comuns são: cheinha, forte, grande e, o mais ousado, gordinha. Geralmente, acham que a gorda (odeio a palavra obesa) não tem força de vontade. Nem caráter. Nem vergonha na cara. A gorda é um pária; o excesso de peso é um divisor de águas. O próprio adjetivo é um palavrão. Ninguém se importa com o sofrimento ou com a humilhação da gorda. Acham que ela é gorda porque quer. Os figurinos são para as magras. Alguns vendedores ainda informam sem se alegrar: 'Aqui é só para pessoas normais, madame!'. E a gorda se afasta engolindo o ultraje. Restam-lhe as lojas especializadas ou as costureiras de bairro. Para mim, anormal é o tratamento do vendedor. A obesidade é democrática, não faz diferença de classe. Há gordas ricas e gordas pobres. Existem gordas belas, mas, se a beleza é notada, há sempre um apêndice ao comentário: 'O rosto é lindo. Pena que seja gorda'".

Mesmo entre os belos é impressionante o que emerge de baixa autoestima, e de um olhar meticuloso sobre os microdefeitos amplificados sobre si mesmo. Os belos não se veem tão belos assim, e as belas sofrem muito.

Precisa haver a superação sobre a obrigação de ser belo, seja para a gorda, para o magro destrambelhado, para o narigudo, para a de cabelo encaracolado, para a do pezão, para o do bocão ou mesmo para a belíssima que sempre encontra na pontinha da sua orelha o que pensa ser um defeito e instala correndo ali um *piercing* camuflador.

Eu e a querida Priscila deixamos de ser patinhos feios interceptando essa torrente aniquiladora e trouxemos o nosso cisne para o lado de fora. Para ela acrescentei as impressões de Domenico de Masi em seu espetacular livro *La felicitá,* ao lado de Oliviero Toscani: "Milênios se passaram para que a humanidade descobrisse (ou inventasse) o pós-vida, o eterno, o sempre (*l'aldilà*). Com a vida eterna criamos uma primeira grande consolação para suportar a dor de um fim definitivo, que é substituído pela felicidade da esperança. Mais recentemente na história humana, desenvolvemos outra forma de superar a finitude: a beleza da natureza, e surgiu também algo novo, uma fonte transcendente à beleza e o surpreendente da 'arte'. A evolução do animal ao ser humano é uma passagem lentíssima, e ainda longe de estar concluída. A descoberta da eternidade, para compensar a morte nesta vida, a descoberta da beleza para compensar a dor são duas etapas fundamentais. Por trás de toda a expressão humana, a religião e a estética são as que mais impactam a nossa felicidade".

A superação da beleza passa por sublimarmos os três lindos caminhos sintetizados em *La felicitá*: o belo é o eterno, o belo é o surpreendente da estética na arte e o belo é o que cada um faz com a sua angulação estética, o que passa pelo rigor ético.

Para trazermos tudo isso para um entendimento bem simples, digo sempre: crie. Trabalhe. Produza. Ao criar, a estética da bela criação assume a sua forma humana, e você cria o anteparo da força d'alma para refletir todos os olhares e sentidos que são depositados sobre você. Quem se acha feio está simplesmente exportando uma visão própria e íntima e perde a capacidade de admirar o belo, principalmente aquele que já existe dentro de si mesmo.

12. Sucesso

Sucesso é o que sucede. Portanto, superar o sentimento de ausência de sucesso, o de se sentir apenas mais uma pedra que rola, é algo particular e que só depende de você. Ninguém pode dizer o que é sucesso para você, mas posso assegurar que sucesso é tudo o que aprendemos enquanto perseguimos essa palavra chamada sucesso.

Sucesso não termina nunca e o que fazemos quando chegamos lá é simplesmente o início de uma superação maior ainda. Quando paramos com a sensação de já termos atingido o tal do sucesso, assassinamos prematuramente nossa vida. Quando desistimos por ficarmos com a sensação de que o tal do sucesso é inatingível para nós, estamos também aniquilando nossa possibilidade de felicidade.

Não pode haver felicidade sem sucesso. Por outro lado, se você não concluir o que o sucesso é para você, a infelicidade será o resultado óbvio da sua vida.

Como ao final tudo vai dar certo, há uma dessas histórias extraídas do humor judaico, e como escrevo este livro aqui das minhas andanças por Tel Megiddo, Nazaré e Jerusalém:

> Estava um judeu muito piedoso vivendo uma grande amargura, o que ele considerava um imperdoável insucesso. Não podendo suportar sozinho o peso da angústia, resolveu consultar o rabino: "Rabino, meu filho se converteu ao cristianismo! Onde foi que eu errei? Ensinei

tudo a ele, dei bons exemplos, sempre o trazia à sinagoga. O que pode ter dado errado?".

"É engraçado, mas meu único filho também. E veja, eu sou o rabino, minhas lições e meu exemplo deveriam tê-lo guiado. Só vejo uma solução: consultemos uma autoridade superior."

E ambos começaram a orar ao Senhor, perguntando-lhe a causa da conversão de seus filhos ao cristianismo. Até que uma voz tonitruante se manifestou: "É engraçado, mas o meu também!".

Claro, como digo, o bom humor é um dos códigos sagrados de todas as superações, rir de si mesmo, e nisso os judeus sabem fazer belas piadas de si próprios, o que é positivo.

Se você se sente no meio de um brutal insucesso, comece procurando tirar o bom humor da situação e ria do que fez. Um amigo meu, ao se casar pela oitava vez, já consciente de que ao se casar de novo ele apenas trocava de esposa, ou seja, de "dona", fez umas camisetas engraçadas. O nome dele é Hélio e o da nova mulher é Helena. Assim estava escrito nas camisetas de brinde para os convidados: "Hélio = 8º casamento; Helena = sob nova direção".

Para mim, sucesso continua sendo a certeza da presença viva da minha criança interior, em tudo o que eu fui, sou e no que continuarei sendo. Superação na sensação do fracasso ou no êxtase do êxito é manter viva a nossa criança interior. Fora disso pode ser doença, alucinação ou loucura.

Psiquiatras, psicólogos e psicanalistas são bem-vindos para nos trazer ajuda científica. Também bons amigos que gostam de nós e que sentem empatia e querem nossa felicidade. Um exemplo: outro dia um jovem de quem gosto muito me mostrou composições, músicas que estava fazendo e nas quais investia tempo, energia e dinheiro. Entusiasmado, me pediu para ouvir. Ouvi. Infelizmente, estava muito longe da estética necessária para ter êxito como arte, ou mesmo qualquer pegada comercial. Ele simplesmente não sabe compor. Não tem o dom, a vocação.

Disse para ele que era um bom exercício de criatividade, útil, mas que não depositasse naquilo a criação de um autoengano, o de que fazia músicas com alta qualidade. Por outro lado, o jovem era ótimo em ciências sociais, sociologia, e mesmo um bom analista de espetáculos teatrais. Incentivei-o a perseguir o caminho mais fácil, o do seu dom, no qual também demonstrava a boa agressividade de um empreendedor. De um compositor frustrado virou um excelente empresário artístico.

Ou seja, muitas vezes não obtemos a merecida sensação do sucesso por insistirmos com o que não é o nosso dom, o nosso melhor. Por outro lado, muitas vezes estamos no caminho certo das descobertas e desistimos quando já estávamos quase chegando à reta final.

Vi na minha vida muita gente boa, melhor que eu, desistir antes, e digo a você que fui muito ajudado na minha carreira como executivo, e no início como músico e criador musical para peças teatrais, por muita gente que desistia, parava, e mesmo com imensos talentos desdenhava das oportunidades oferecidas. Em contrapartida, como uma criança curiosa e cheia de esperança, ali estava eu: pegava as migalhas que outros jogavam fora para construir a minha arte, meu trabalho, minha obra e a mim mesmo.

Capítulo 9

O fim da jornada

Se um viajante não traz nada para compartilhar,
ele não é um herói, mas um egoísta sem discernimento,
que não compreendeu a lição e não cresceu.
CHRISTOPHER VOGLER

Já estava um breu na colina de Megiddo. Ouvi um sopro que interpretei como: "Vem!". Já me sentia leve de novo. Ergui-me da pedra do altar e iniciei a marcha de volta à minha gostosa pousada no *moshav* ali perto.

Caminhava agora pelo Vale de Megiddo, onde tantas carroças de guerra, caravanas comerciais, altruísmos e egoísmo promoveram embates milenares. Ao entrar na minha morada, uma pequena casa, ao redor da casa principal onde habitavam os donos do local, o marido e a mulher, fiz meu lanche noturno com um delicioso queijo, pão, iogurte e frutas. Não havia televisão, internet ou rádio. Do lado de fora o silêncio rural e de uma pequena comunidade.

A imagem de Yulia não sumia da minha cabeça, devo confessar que o arrebatamento de uma paixão explodiu ali, quem diria, bem no fundo do Armageddon. Peguei a correntinha quebrada. Era de ouro branco, com um pingente e uma pedra preciosa. Talvez uma das doze pérolas da Nova Jerusalém, uma safira, um topázio, ou provavelmente uma ametista.

A doutora Norma já havia retornado à Universidade de Tel-Aviv, e agora eu seguia solitário nas minhas buscas interiores. A sensação da pedra do altar dos sacrifícios, no centro superior de Tel Megiddo, continuava perturbadora. Cada vez mais concluía que o real Armageddon não é o que cairá dos céus na forma de um Apocalipse bestial, e sim as decisões e as escolhas que tomamos por certo a cada instante, neste momento presente.

Adormeci, sonhei ou nem sei. Ao acordar, ficaram os doze registros superantes de doze fortes causas das preocupações humanas. Ao me levantar, lembrava-me ainda de tanta gente, exemplos vivos que deram seu passo além da superação, de almas que fizeram e fazem o voo dos invencíveis.

E lá vou eu para meu último dia em Tel Megiddo. A viagem de volta para casa vai começar na próxima noite. O que mais tenho para descobrir antes da partida? Vou andando a pé pelos quatro quilômetros, margeando os campos de trigo e de oliveiras do Vale de Megiddo, para subir a colina pela última vez (se é que existe última vez neste universo).

Comigo levava a minha pedra de Megiddo e uma correntinha quebrada, a imagem para sempre de Yulia. Em meu último dia no Armageddon, ainda sentia um perturbador sentimento de falta. Tantas coisas havia sentido, relembrado, trazido para a consciência lá da casa do inconsciente, ou o que talvez pudéssemos assegurar ser a alma.

A volta para casa me entusiasmava e também criava uma angústia, a necessidade e a vontade de descobrir qual é o código que permite dar um passo além de todas as superações.

O que você, leitora especial e leitor cuidadoso, consegue extrair para si? Qual o código que, uma vez decifrado, acessa para sempre um ciclo virtuoso superante, sob qualquer circunstância presente, futura e resignificante do passado?

Do que já viajamos juntos até aqui, pergunto para você, companheiro de viagem: quais são suas batatas? O que elas significam para você? Como tem sido o mar da sua coragem? De onde vem a luz da sua janela? Como tem guardado sua criança viva e perpétua dentro de você?

Meus códigos significam minha fortaleza. Ninguém, nem nada racional, os criou, pois estavam instalados lá, no sopro soprado na alma. Meus anjos Rosa e Antonio, os pais adotivos, foram de espetacular valia para arrancá-los do salão encriptado e indecifrado da alma, envolta pelo inconsciente. E, sem reclamações, não fosse a oportunidade de um grave acidente com a sorte de permanecer vivo, essas descobertas não teriam sido expostas. Eu viveria de novo, com a diferença de prestar muito mais atenção ainda.

Mas o que desejo que entusiasme muito vocês, caros leitor e leitora, é que tudo isso poderia ter acontecido, ter sido vivido e nunca ter sido trazido à luz da consciência. É necessário querer muito.

Subo a estrada da colina de Megiddo. Há alguns turistas nas suas peregrinações, mas o sítio está calmo. Lá no invisível do céu, as turbinas dos caças iniciam o patrulhamento aéreo. Só é possível ouvir, nunca ver. No ambiente do Apocalipse, parecem as tais trombetas descritas por João. Porém, nossos sentidos aprendem a não ouvir, ver ou sentir o que não querem.

Assim, desaparece dos meus ouvidos o barulho da força aérea israelense, entra o som dos Beatles reproduzido pelo invento do Steve Jobs, e ouço a música *Golden slumber*. Ao final, a magia da letra e da melodia: "The love you will take is equal to the love you make", que quer dizer, velha máxima, que cada um será recompensado conforme sua obra: o amor que você vai receber é igual ao amor que você dá.

Ando por um lado e pelo outro, revisito cada parte das ruínas de Megiddo. Calo no silêncio e escuto, sento ao lado de uma nova escavação e minha pedra diz:

> "Por que as pessoas repetem, repetem, repetem e nunca aprendem? Assisti aos mesmos enganos, ambições, cobiças, ilusões serem repetidos aqui neste lugar por 10 mil anos, e eles ainda continuam sendo repetidos; posso ouvir o som das modernas máquinas mortíferas que nos sobrevoam todos os dias".

Refleti sobre Freud. Ele dizia que repetimos, repetimos e repetimos as coisas, como besouros contra uma janela de vidro, e não percebemos o vidro batendo de novo e de novo no mesmo elemento. Ele elucidava didaticamente: "Comparemos o sistema inconsciente a um grande salão de entrada, no qual os impulsos mentais se empurram uns aos outros, como indivíduos separados. Junto a esse grande salão de entrada existe uma segunda sala, menor, uma espécie de antessala, na qual a consciência reside. Mas, no limiar entre as duas salas, um guarda desempenha sua função, examina os diversos impulsos mentais, age como censor, e não os admitirá na antessala se eles o desagradarem".

O professor de psicologia Jacques Van Rillaer, da Universidade de Loucain la Neuve, na Bélgica, agrega: "Concretamente, quem são os habitantes (as moções da alma) do inconsciente (o grande salão), que causam os transtornos mentais e devem entrar no salão (a antessala) do consciente, para que o proprietário possa curar? Segundo Freud, são as recordações recalcadas, as significações simbólicas desconhecidas, os jogos de palavra, e, no final das contas, as forças em conflito".

Para mim, é preciso arrombar a porta desses dois salões descritos por Freud. A alma, o sopro soprado, só tem uma chance de se libertar e de, ao voar, voarmos juntos. Precisa ultrapassar as intuições, as crenças e os pensamentos herméticos que, apesar de inconscientes, servem como algemas. Aquele grande salão em que habitam os impulsos mentais que se empurram uns aos outros é uma inundação caótica de ilusões e utopias, tão errático quanto é descrever um sonho sem pé nem cabeça.

Ali não está a fonte das nossas verdades. Ao contrário, costumam estar de fato as forças conflitantes sem que delas possa haver qualquer passo evolutivo para um ser humano aqui e agora. Abrir essa passagem é libertar uma cadeia atômica com certeza radioativa.

A alma está encapsulada e muito bem guardada por gigantes guardiões dos limiares. A embalagem é justamente todo o inconsciente. Ir da antessala direto para o coração da alma é o transporte, a ponte que precisamos acessar, em um mundo onde não há tempo para dar tempo para quem quer perder tempo.

E como é isso? As religiões oferecem seus caminhos, que servem para muitos; para outros, diferentemente, significam formas odiosas e furiosas de preconceitos e de morticínio, além da obtenção de lucro e de poderes exorbitantes. Qual é o nosso papel nessa parte que nos cabe do universo?

Os geneticistas agora estudam o que chamam de genética comportamental. Descobriram que temos cargas genéticas que aumentam nossa probabilidade de ser mais de um jeito que de outro, de ter mais talentos para uma coisa que para outra etc. Descobriram que existem genes egoístas e também genes altruístas.

Talvez nosso código genético converse com Deus sem que saibamos. Uma recente descoberta é o que foi batizado de "gene guerreiro". Um determinado gene, por uma deformação, atua menos ou não atua, e por isso não age contra a serotonina, o que oferece ao indivíduo uma ligação direta com qualquer estresse, agressão, ou o que ele entenda ser uma provocação, como a agressividade.

Testes realizados em membros de gangues, praticantes de artes marciais, soldados de elite, bem como em monges e executivos revelaram que ter ou não ter o tal do gene guerreiro não implica diretamente um mal, mas um comportamento mais propenso à agressividade impulsiva nata. E, dependendo dos maus-tratos infantis ou da boa educação, perceberemos a diferença entre um monge determinado e forte, cujo gene guerreiro amplia seu limiar de dor e o faz perseverar mais, e um executivo empreendedor, que será mais ousado, correrá mais riscos; ou um líder de gangue que intimida a todos por sua capacidade extraordinariamente violenta. Nem todos os membros das gangues têm o gene guerreiro, nem os das artes marciais, nem os soldados, mas alguns monges e executivos também têm o tal do gene guerreiro.

De que vale isso na nossa lição de superação? Muito. Vejo como algo que permitirá acessar da porta de entrada da antessala a caixa preta oculta da alma, no centro do grande salão do inconsciente. Ao tomar consciência de que tenho um gene guerreiro, consigo entender meu comportamento instintivo, aquele que parte da nebulosidade do inconsciente, e saber que aquilo ali não sou eu. É apenas uma partícula poderosa de mim. Um gene no meio de outros mais de 20 mil não pode decidir minha vida.

A descoberta da genética comportamental deverá nos ajudar em muitas explicações sobre superação. Psiquiatras, psicanalistas e psicólogos terão um papel importante nesse presente e futuro, assim como a neurociência, com a qual encontraremos pela consciência um canal direto para entrar em contato com a alma.

Entrar em contato

Olhando do alto daquela colina o vale a perder de vista, fiquei pensando em quantas conclusões muitos que ali viveram não chegaram. No reinado de Salomão, diz a lenda que em compartimentos ainda a serem escavados, em salões mais ao fundo do Armageddon, haveria indícios de que, um dia, os sábios do mundo conhecido ali se reuniram para escrever partes do que viria a ser o livro dos livros: a Bíblia.

Perguntei à minha pedra: "Você não viu nada ao longo desses 10 mil anos. Escreveram a Bíblia ou parte da Bíblia aqui mesmo, os sábios reunidos pelo rei Salomão, ou isso é apenas uma fantasia?".

E a pedra respondeu:

"Sou apenas uma pedra, levei milênios para desenvolver algum tipo de sentimento. O que vi, ouvi, senti, toquei estão registrados nas minhas ondas de luz, impregnadas na dura matéria da qual sou o resultado. Muitos aqui viveram, existiram, foram reis, lutaram, mataram, morreram, rezaram, sacrificaram e foram sacrificados. Existe muita escrita, e muitas escrituras brotaram desta colina. Sábios também por aqui existiram. Também vi amor e valorizei os ciclos de paz, dentre tantas guerras. Talvez algo que devesse estar escrito na sua Bíblia, ainda no Gênesis, o princípio: matar ou morrer em nome de qualquer religião será considerado o maior pecado perante Deus".

E a pedra emudeceu.

A pedra tem razão. Ao longo de milênios matamos, sacrificamos, morremos em nome de uma religião *versus* outra. Antes, lutamos em nome de um deus contra o outro, ou de uma deusa daqui contra a deusa dali. A partir da universalização de um só Deus, único, os conflitos vieram e continuam, agora em nome de uma religião *versus* outra, e outra mais. É impossível não pensar nisso quando estamos aqui no meio da terra chamada de santa.

Eu precisava começar a minha volta para casa. Não havia mais tempo para continuar no alto da colina do Armageddon, o meu Megiddo. Combinei que alguém da universidade viria me buscar no começo da noite para me levar a Nazaré. No dia seguinte, iria a Jerusalém, e depois a Tel-Aviv e, finalmente, mais quinze horas de voo de volta para casa, e estaria em São Paulo.

Sinto saudade da minha casa, dos meus amigos, da Dinossauros Rock Band, minha banda de rock, dos filhos, da neta, de colegas, alunos, das deliciosas escolas ESPM e FGV, do time da minha empresa, a TCAI, do delicioso "T-bone a Peter Luger" do meu amigo Fouad, do restaurante Dinhos e de minha vida no dia a dia.

Começo a me despedir dos meus amigos do *moshav*, dos agricultores com os quais fiquei hospedado, dos *druzes*, de Yulia, que marcou tanto meu momento na cratera das águas nas profundezas do Armageddon, e que eu pensava nunca mais rever, da doutora Norma e de todos com que cruzei na viagem.

Minha jornada do herói

Assim terminava minha jornada do herói. Como em todas as lendas, fábulas e contos, tudo só se resolve quando voltamos para casa. É o último passo dessa jornada, quando retornamos para nossa casa interior, conseguindo ver que o pássaro azul que buscávamos do lado de fora sempre existiu do lado de dentro da nossa vida.

A saga do herói é uma alegoria baseada nos conceitos dos arquétipos de Jung e é muito usada nos roteiros de todos os grandes espetáculos e filmes de sucesso. Ela nada mais é que o espelho da vontade oculta de todos os seres humanos. São doze os degraus da jornada do herói:

1. Todos temos um herói interior, mas somos dominados pelas percepções do mundo comum. Vivemos no mundo comum.
2. Nossa consciência vai aumentando. O mundo do lado de fora nos chama à aventura, à ação, à atitude.
3. Negamos, relutamos, não queremos atender esse chamado e mudar. O mundo comum é aconchegante, cômodo e confortável. Recusamos as ofertas e os chamados às mudanças.
4. Começamos, aos poucos, a superar a negação do movimento da mudança. Encontramos e descobrimos um mentor, uma pessoa, um amigo, um líder, um inspirador, um livro, um ser humano que ativa nossa mente para a necessidade de atender aos chamados. Chegamos e conquistamos um mentor.
5. Comprometemo-nos com a mudança. Atravessamos, então, o primeiro limiar de nosso mundo, o primeiro passo para iniciar o enfrentamento da nossa jornada.
6. Fazemos a primeira ação da mudança. Escolhemos os amigos e reconhecemos os adversários, os inimigos.
7. É o início da preparação para a grande mudança. É quando o herói se aproxima do incerto, do imprevisível, da caverna oculta.
8. É quando o herói tenta na prática a grande mudança e enfrenta a provação.
9. O herói sente as consequências de suas tentativas, avalia as melhorias, os avanços, as frustrações e os

recuos. Percebe as recompensas de suas ações, pega a espada e as armas para realizar sua missão.

10. Dedica-se novamente à mudança. Toma o caminho novamente.
11. É o combate final pela grande mudança. Ocorre a ressurreição do herói.
12. Vitória, a solução final do problema. O herói regressa com o elixir, ou seja, com o aprendizado da experiência e o compartilha. É a volta para casa.

Sempre estamos no meio de alguma jornada, tomamos até consciência, mas a negação à mudança é maior, pois tememos as consequências, que é o oitavo passo, e por isso não deixamos claro o compromisso. Temos um aumento de consciência daquilo que precisa ser feito em nossa vida, mas com o fantasma dos medos das consequências ficamos estancados no passo dois. Ao fazer, não superamos essa relutância e nunca entramos no compromisso, que representa o ponto sem retorno. É quando decidimos. Todo resultado é consequência de um processo que começa quando decidimos.

A decisão é o ponto libertador. Para decidir libertariamente precisamos sair das trevas do reino das distrações. As distrações roubam nosso foco, anestesiam nossa coragem, justificam nossos medos. E pensamos: isso não vale a pena, é melhor deixar do jeito que está. Mas não tem jeito, ao final tudo vai dar certo. E, como vai dar certo, o mundo se encarrega, mais cedo ou mais tarde, de arrumar os professores que nos carregam para as aulas que não tivemos, ou para aquelas das quais espertamente fugimos, escapamos ou abandonamos. Entramos na vida sem fazer vestibular, mas a lição será tomada ao longo da duração do nosso curso. A faculdade vai adiante e não escapamos das aulas de reposição.

Reflita então sobre o estágio atual do seu herói íntimo. Pegue um problema forte, que incomoda, e que precisa ser enfrentado. Veja como você está em relação a ele. Analise o quanto você oscila entre uma consciência limitada do problema e o aumento dessa consciência. Verifique em seus sensores íntimos o quanto e o como você não quer aumentar a consciência em relação a esse problema, e não faz isso porque pula imediatamente para o degrau número oito.

Quando se lembra disso, fica triste, mal, sente uma angústia interna. Você sabe que o problema precisará ser enfrentado, é questão de tempo, e que, se não fizer isso, ele só irá aumentar. Há momentos em que você sente a clara convocação para o enfrentamento, pois há sinais: pessoas ao redor do mesmo assunto dão pistas, situações revelam. Mas você continua negando, relutando, pois, ao imaginar as ações que precisa executar, fica com medo.

Na sua cabeça só surgem os recuos, os insucessos, as consequências ruins da sua ação heroica. Como a vida sempre apresenta ofertas, de repente, não sabendo de onde, você encontra um mentor, uma pessoa especial que o aconselha, que compreende o drama e o encoraja. Esse mentor revela as recompensas e explica o sentido e o significado maiores da sua missão, para você fazer não o que quer, mas o que precisa ser feito. E então você parte.

Para que nosso herói nasça dentro de nós, o que significa assumir o compromisso com nossa missão, precisam morrer as distrações. Não ficaremos mais aprisionados à semente, pois assim jamais podemos virar frutos. O nascimento do herói significa transformar outros papéis na vida.

O Armageddon já havia sido escavado por mim nos dias em que convivi com ele. A colina não é grande, mas infinita nas suas revelações. Começava agora a volta para casa, mas precisava ainda deixar bem claro qual era o elixir, a poção mágica dessa jornada, dessa descoberta íntima.

Minha condução ainda não havia aparecido para me levar embora. O céu está ainda meio claro, a lua está cheia, o vento sopra sempre forte na colina de Megiddo. Meu tempo aqui se encerrava naquele momento.

Comecei a descer a colina. Na central de recepção do sítio arqueológico, uma luz tênue revela a presença ainda de alguém à espera. O silêncio, exceto pelo uivo dos ventos ricocheteando as pedras, parece que ainda me provocava para alguma resposta não encontrada.

Talvez eu devesse procurar exemplos de quem conseguiu dar o passo além. Eu me lembro de vários exemplos de quem deu esse passo, e creio no seu poder, pois ele perdura por milênios. Você também deve se lembrar de exemplos que você reúne e traz para a sua consciência, para criar uma ponte que atravessa, na velocidade da luz, o grande salão do inconsciente.

Menciono aqui alguns que conseguiram ficar para a eternidade, e que foram fruto da superação, da força, da convicção, da certeza, apesar de todas as adversidades e de tudo parecer trabalhar contra.

Em 1633, julgado por heresia por dizer que a Terra se movia e não era o centro do universo, e por acreditar ser possível defender opiniões já declaradas e conclusivas como contrárias às Sagradas Escrituras, Galileu Galilei foi condenado e confinado em prisão domiciliar pelo resto da vida. Além disso, precisava pedir desculpas e se retratar publicamente.

Alguém próximo, nesse momento, ouviu Galileu soprar para sua alma e de sua alma para quem pudesse ouvir: *Eppur si muove*, ou seja, "e, no entanto, ela se move". Somente em 1992 a igreja católica aceitou o erro e pediu desculpas, perdoando Galileu Galilei.

De 1663 até 1992, como ele, quantos anônimos não sofreram injustiça por incompreensão, vingança e calúnia apenas por terem sensores mais prontos, e com eles auscultaram antes aquilo que viria a ser comum e cotidiano séculos e anos depois? Esses heróis fizeram o voo dos invencíveis e, ao voarem, permitiram que muitos depois deles voassem muito mais libertos que todos os que os antecederam.

E eu me lembrei também do exemplo de um grande e espetacular brasileiro. É uma pessoa que ninguém imaginava que poderia caminhar, mas ele aprendeu a correr, começou a voar, e hoje voa invencível em um infinito eterno, servindo de referência, inspiração e de permanente motivação.

Ele superou e deu um passo além. Minha história passou a se entrelaçar à dele quando, um dia, eu ainda era diretor do Grupo Agroceres e jantava com um amigo da Pontifícia Universidade Católica do Rio de Janeiro, quando ele me disse que eu precisava conhecer João Portinari, filho do genial artista Cândido Portinari. João estava reunindo toda a obra do pai, e o diretor disse que seria ótimo se eu pudesse ajudar levando esse trabalho para todo o interior do Brasil. Fiquei entusiasmado e fui conhecê-lo.

Com personalidade carinhosa, culta, é uma dessas inesquecíveis e belas almas que nos enriquecem ao entrarmos em contato. E assim fizemos. Organizamos uma série de apresentações da obra de Portinari pelo país, fizemos um espetacular relatório de diretoria com quadros de Portinari e passamos cerca de dois anos juntos nesse trabalho gratificante.

Paulista filho de imigrantes italianos, Cândido Portinari trazia na alma a importância da aventura desde cedo. Aprendeu os rudimentos da pintura na restauração das igrejas em que ajudava na adolescência. Quando se mudou para o Rio de Janeiro para aprender pintura dos mestres, muitas vezes não tinha o que comer, longe da família, passando dificuldades e enfrentando imensos obstáculos.

Em 1920, vendeu sua primeira obra, *Baile na roça*. Em 1922, esteve no Salão Nacional de Belas Artes e ninguém o notou. Porém, em 1923 começou a subir sua escada. Ganhou a medalha de bronze e um pequeno valor em dinheiro que o impulsionou. Em 1930, encontrou a mulher, companheira da sua vida, Maria Vitória. Após uma extensa jornada de superações, o então prefeito de Belo Horizonte, Juscelino Kubitschek, o convidou para trabalhar no complexo arquitetônico da Pampulha, onde pintou seu famoso quadro *Guerra e Paz*, um mural de 14 metros de altura por 10 metros de largura, que veio a ser um presente do governo brasileiro à ONU, em Nova York.

Em 1954, já bem-sucedido e com muito prestígio, seu médico verificou que o contato com as tintas aumentava a dose de chumbo em seu organismo e o proibiu de continuar pintando. Ele desobedeceu, as tintas debilitaram de vez sua saúde, e ele veio a falecer aos 58 anos de vida.

O ponto da vida não é esperar respostas, mas a qualidade das perguntas. O que ainda falta perguntar aqui no meu Megiddo? Claro, claro! Qual é o código essencial, qual é o código que permite dar um passo além de todas as superações?

As batatas, a coragem do mar, a luz da janela e a criança perpétua, esses são códigos da vida, dos ensinamentos, de simplesmente superar. Mas o que aconteceu, o que permitiu isso, qual foi a chave, o código para ir além?

Isso ainda faltava responder, e essa resposta não estava escrita na pedra, nem no bom senso, ou em qualquer tipo de filosofia já mastigada pelos homens. Não era também por causa da fé, ou do que chamamos de fé sem ter muita fé, ou da resposta do sonho. Eu sabia, sempre soube. Era chegada a hora de arrancar de mim e compartilhar.

Será que era preciso ir tão longe para buscar algo que sempre esteve dentro de mim? Uma vez na Itália, na cidade de Assis, eu insistia em ir visitar a Roca de Assis, a Pedra que fica no alto do mais elevado morro. Era frio. Nevava. Minha família não queria ir. Eu insistia. E disse: "Amanhã cedo vou subir o monte". À noite, num sonho, uma voz me perguntou: "Por que você quer ir lá no topo, na Roca de Assis?". Eu respondi que era para ver e sentir coisas importantes, afinal eu estava na cidade de São Francisco de Assis.

Imediatamente, essa mesma voz fez outra pergunta: "Quanto tempo você ficou na sua cidade de Santos olhando o topo do Morro do Marapé e nunca foi lá?". A vida toda, sempre olhei a ponta daquele morro, mas nunca subi. Então, mais uma vez, a voz concluiu: "E o que você espera ver, sentir, saber aqui, que você também não iria ver, saber e sentir lá, no seu morro, a poucos metros da casa onde você viveu e para o qual olhava, olhava, mas nunca ali subiu?".

Há uma verdade nisso, porém, aqui estou eu agora muito mais longe ainda, em uma compulsão impossível de resistir, no Armageddon, o único lugar do mundo que tem meu nome, Megido.

Um carro dava a volta na base da colina. Com certeza era a pessoa que vinha me buscar. Eu ia partir. Quando o carro estacionou e fui em sua direção, tive um choque espetacular de emoção e de felicidade. Quem havia vindo me buscar?

Yulia.

Capítulo 10

O voo dos invencíveis

Os eventos seguirão seu curso
e não vale a pena ficarmos com raiva deles.
Mais feliz é aquele que toma os eventos
e os usa da melhor maneira possível.

EURÍPEDES

Yulia. Eu olhava novamente para aqueles cabelos, o sorriso no rosto, a alegria. Eu disse: "Não acredito. Você? Como pode?". "Me inscrevi para as turmas das escavações em Megiddo, que começam no meio do ano, na universidade. Vou ficar aqui por toda a época das escavações, quando estudantes e pessoas de muitos lugares do mundo vêm para Megiddo participar das pesquisas e das descobertas em andamento. Soube que alguém viria buscar um estudioso brasileiro, que havia ficado aqui, e que curiosamente tinha o mesmo nome do lugar. Eu me ofereci para fazer isso. Estou aceita?", ela perguntou com aquela mesma voz que dizia o texto do Grande Inquisidor nas entranhas da colina.

"Nada poderia ser mais impressionante, Yulia. Guardo comigo a corrente e o pingente que você perdeu ao correr para fora da caverna das águas, e confesso que você não me saiu do pensamento nem um instante sequer." Tirei a corrente do bolso e dei a ela.

"Sim, é minha! Na corrida, caiu do meu pescoço. Mas agora ela é sua. Guarde como algo que trará um significado especial para você, em algum momento na sua volta para casa."

"Por que você saltou e saiu correndo daquela maneira?", perguntei. "Não sei, meu Megido vivo. Posso chamá-lo assim?." "Claro", respondi. "Não sei, alguma força me fez correr dali, e digo para você que também não o esqueci em nenhum momento desses dias. Quis o destino me trazer novamente até aqui e encontrar você antes da sua partida", ela confessou.

"Ainda falta alguma coisa para você descobrir?", Yulia me perguntou. Eu respondi: "Sim, talvez aqui esteja apenas o começo de tudo. Vim descobrir qual é o código de todas as superações e refletir sobre a importância de darmos um passo além. Creio que só conseguirei encontrar essa chave definitiva em forma de palavras quando estiver de volta em casa, e na hora de mais uma vez mergulhar dentro do que é um ser humano que aprende a fazer o voo dos invencíveis. Como seu avô, esse tipo de pessoa existe. Estão marcadas por aí, e podemos reconhecê-las, sempre com os olhos da alma, nunca com as impressões da aparência. Porém, mesmo assim, na entrada para esses elos humanos que voam como invencíveis, há algo na superfície, na tona das pessoas vivas e físicas, que representarão os sinais de que ali dentro já existe uma alma liberta, feliz, amiga, que já voa pronta para ajudar muitos a voarem também".

Partirmos então, eu e Yulia. Visitamos Nazaré, percorremos os templos, fomos aos campos. Em Jerusalém, andamos ao lado do grande Muro das Lamentações, percorremos os contrastes das culturas. Conversamos, permitimos que nossas almas entrassem em contato.

Chegou sábado, o *shabat* judeu, e nada funcionava. Era dia de partir. Meu voo sairia de Tel-Aviv no começo da noite, direto para São Paulo. Fomos cedo para Tel-Aviv, e caminhamos na praia. Grupos de pessoas dançavam ao som de músicas folclóricas.

No meu peito, uma tristeza crescente pela hora de dar adeus àquela mulher e àquele encontro. A partir de certo ponto, calamos e ouvimos a voz muda do coração. Falamos cada um consigo mesmo.

Yulia pegou o carro e me levou ao aeroporto. Na chegada, o exército fez uma primeira revista e passamos à hora do adeus. Não tínhamos palavras novas a serem ditas. Yulia tinha sua missão, sua descoberta e sua casa para voltar, e isso não estava no Brasil. Impossível que uma lágrima não rolasse dos meus olhos, o que foi prontamente abafado pela mesma alegria e vontade de vida daquela alemã marcante e inesquecível.

Pediu a corrente, colocou na sua mão, apertou com a minha e disse assim: "Vai, meu Megido vivo. Encontrar você alterou a força com a qual senti a verdade dos meus compromissos, e algo maior que a superfície deste reino, com o escavar da alma".

Dizendo isso, Yulia deixou sua corrente na minha mão e acrescentou: "Tenho certeza de que ela estará, muito em breve, no pescoço daquela que vai ser uma nova fonte de vida para você, um refazer do novo com o novo, que não será mais do mesmo. Dê essa corrente e essa pérola à pessoa que será seu imenso, grande e definitivo amor, a mulher que vai, ao seu lado, voar esse seu tão sonhado voo dos invencíveis. Afinal, não é possível um homem crescer e voar alto sem ter uma grande e forte mulher ao seu lado".

Sorrimos e demos adeus. Entrei no aeroporto de Tel-Aviv e, atrás de mim, ficava uma das mais espetaculares pessoas que conheci na vida. Ficava para continuar suas escavações.

Ao escavarmos Megiddo, escavamos muito mais em nós mesmos que no amontoado de pedras, sem nenhum demérito para a minha pedra de Megiddo, que trazia bem escondida na bagagem.

Percebi que sair de Israel era mais complicado que entrar. Uma revista na chegada do aeroporto, outra na primeira porta de passagem, antes de entrar no salão do *check-in*, e mais outra em uma fila anterior. Veio um oficial me entrevistar, como fazia com todos. Perguntou: "O que você veio fazer em Israel?". "Vim olhar minhas terras, Megiddo, que têm meu nome", disse brincando. O oficial não entendeu e percebi que não era bom brincar por ali.

Ele me mandou para a revista completa. Já ficando irritado, e não acostumado a isso, me repreendi por brincar com a história do nome Megido. O que eu não imaginava era o que ia acontecer. Claro que eu não tinha nada que pudesse representar algum tipo de problema na revista, mas eu havia me esquecido da minha pedra de Megiddo. Ao passar a bagagem pelo raio-x, aparecia ali um material que causou curiosidade nos guardas. Pediram para abrir a mala, e eu, já mais irritado, abri bruscamente e lá apareceu o mineral. O oficial perguntou o que era e respondi que peguei em Megiddo, onde fiquei a maior parte do tempo. "Por que você pegou essa pedra?" e assim foi o interrogatório: por que pegar a pedra, para que pegar, se eu havia tirado a pedra de algum lugar que não podia, se dentro da pedra tinha alguma coisa escondida...

Quase ia perdendo o avião por culpa da pedra. Vi um oficial mais veterano, me aproximei dele e disse: "Meu amigo, veja, por causa dessa pedra estamos aqui, o tempo passando e eu com medo de perder o avião. Essa pedra é uma lembrança que levo de Israel e de Tel Megiddo. A razão? Veja meu passaporte, talvez eu seja um dos poucos no mundo inteiro que tenha o nome desse local histórico. Você compreende? É apenas uma pedra". Olhando para mim, para o passaporte e para a pedra, o oficial sorriu e disse: "Está bem, mas cuide bem dela hein?!". Sorri e lá fui eu para o grande corredor da sala de embarque para meu voo.

O tempo passou rapidamente. Dormi a maior parte da viagem, sonhando com o que havia acontecido e com o que ia ainda acontecer. Depois de quinze horas de viagem, o pouso se aproximava e já amanhecia no Brasil, me fazendo começar a sentir a alegria espetacular de voltar para casa. Trazia na bagagem da alma muitas descobertas e elixires da experiência.

Apesar de a viagem haver terminado, uma última peça faltava ainda. Qual era, afinal, o código de todas as superações, que ajuda a dar o salto quântico para ir além?

Já em casa, ao desfazer minhas malas, pego em minhas mãos a corrente de Yulia. Já com um distanciamento, percebi que aquela mulher havia renovado um sentimento em mim: amor.

Como era intenso seu amor pelo pai, seu amor pelo trabalho, seu amor pela descoberta.

Era isso! Eu havia encontrado!

AMOR! Esse era o código! É isso o que nos faz dar o passo além!

O tal código que permite ir além das superações é aquela palavra mais cantada, mais usada e mais surrada de toda a história humana. A palavra é uma só e damos sentidos diversos a ela. É a única que permite todas as superações: AMOR.

É impossível inventar outra palavra. E a forma de internalizar esse amor é entrar em contato com você mesmo, com sua missão, fazendo novas todas as coisas. O desejo de transformação em alta velocidade é o acesso direto que vai da alma para a consciência e da consciência para a alma.

Ter amor por sua missão. Descobrir qual é sua missão e entregar-se a ela com a força do seu coração, essa é a chave para ir além!

É o amor pela arte que a faz aprimorar-se. É o amor pela ciência que impulsiona o desenvolvimento. É o amor pelo próximo que transforma o mundo. É o amor por nós mesmos que nos faz melhores, que nos leva a superar tudo, que nos faz alçar voo.

Sim, o pássaro azul estava lá o tempo todo, e eu não via!

Entrar em contato com tudo isso marcava a profundeza do meu pensamento, e agora eu sentia a importância de viver novos papéis na vida. É preciso fazer novas todas as coisas.

Quando mergulho em mim mesmo e repasso as superações pessoais e íntimas vividas, trago o poder infantil, da criança, como arma, como escudo, e o guerreiro vivo luta permanentemente em minha vida. O que é o poder da criança senão o talento de fazer novas todas as coisas?

A vida é um projeto de alegria e felicidade. Tão forte isso é que nosso cérebro consegue transformar infortúnios, desamparos, dores, opressão, mortes em possibilidades de felicidade. Não devemos pautar nossa vida pelo que achamos que ela deveria nos dar, e sim pelo que decidimos dar a ela. Iremos receber dos generosos, dos transparentes de espírito, e dos aliados, e guardaremos os elixires, as lições deliciosas das experiências vividas.

Não nascemos para o insucesso ou para a infelicidade. A possibilidade da criação de uma sociedade sustentável, justa e sensata na Terra será um dia atingida. Mais cedo ou mais tarde, dependendo da consciência com a qual criaremos mais almas que voarão e menos corpos que ficarão, voaremos juntos com nosso planeta azul, a linda Terra.

O compromisso da minha vida, com minha alma, com o sopro recebido no meu embarque na estação dos trens da Terra do Sempre rumo à nossa Terra da Passagem eu havia relembrado. A vida em si teima em me ensinar e reensinar, e reeduca e reeduca. É impossível não aceitar a teimosia com a qual sou ensinado todos os dias e por isso agradeço.

No final, tudo deu certo.

Agora eu voava alto o voo dos invencíveis.

Referências bibliográficas

A Bíblia Sagrada. São Paulo: Sociedade Bíblica Internacional, s/d.

Awad, Elias. *Sucesso em palavras*. Osasco: Novo Século, 2010.

Barudy, Jorge; Marquebreucq, Anne-Pascale. *Hijas e hijos de madres resilientes*. Barcelona: Gedisa, 2009.

Bethencourt, Francisco. *História das inquisições*. São Paulo: Companhia das Letras, 2000.

Brinkley, Douglas. *Diários de Jack Kerouac*. Porto Alegre: L&PM, 2005.

Bunson, Matthew E. *La sabiduría del Dalai Lama*. Barcelona: RBA Libros, 1999.

Costa, Alexandre Tadeu. *Uma trufa e 1.000 lojas depois*. São Paulo: Alaúde, 2010.

Cyrulnik, Boris. *Autobiografía de un espantapájaros*. Barcelona: Gedisa, 2008.

__________. *El amor que nos cura*. Barcelona: Gedisa, 2004.

__________. *Los patitos feos*. Barcelona: Gedisa, 2001.

De Masi, Domenico; Toscani, Oliviero. *La felicità*. Roma: Edizioni La Sterpaia, 2008.

Dinello, Raimundo. *Cuaderno de lúdica y sociología de la educación*. Uruguai: Psicolibros, 2011.

Dostoiévski, Fiódor. *Os irmãos Karamazov*. 2 volumes. São Paulo: Editora 34, 2008.

Fortea, José Antonio. *Summa daemoniaca. Tratado de demonologia e manual de exorcistas*. São Paulo: Paulus, 2010.

Fyerabend, Paul. *A conquista da abundância*. São Leopoldo: Unisinos, 2006.

Gaspar, Priscila de Faria. *Ao encontro da luz*. Belo Horizonte: Novo Ser, 2011.

Goldberg, Dan. *Megiddo battlefield of Armageddon*. Israel: Israel Nature and National Parks Protection Authority, 1997.

Gracioso, Francisco. *Empresas perenes*. São Paulo: Atlas, 2010.

Greenberg, Herb; Sweeney, Patrick. *O sucesso tem fórmula?* Rio de Janeiro: Campus/Elsevier, 2007.

__________. *Succeed on your own terms*. Nova York: McGraw-Hill, 2006.

Hagger, Nicholas. *A corporação: a história secreta do século XX*. São Paulo: Cultrix, 2004.

Hawking, Stephen. *O grande projeto*. Rio de Janeiro: Nova Fronteira, 2011.

Kofman, Fredy. *Metamanagement*. Rio de Janeiro: Campus/Elsevier, 2004.

Krames, Jeffrey A. *A cabeça de Peter Drucker*. Rio de Janeiro: Sextante, 2010.

Lowney, Chris. *Heroic leadership*. Chicago: Loyola Press, 2003.

Mello, Darcy S. Bandeira de. *Entre índios e revoluções*. São Paulo: Soma, 1982.

Meyer, Catherine. *O livro negro da psicanálise*. Rio de Janeiro: Civilização Brasileira, 2011.

MLODINOW, Leonard. *O andar do bêbado.* Rio de Janeiro: Zahar, 2009.

NEEDLEMAN, Jacob. *What is God?* Nova York: Penguin USA, 2010.

NIETZSCHE, Friedrich. *Assim falou Zaratustra.* Rio de Janeiro: Civilização Brasileira, 2010.

OSHO. *Palavras de fogo.* Campinas: Verus, 2003.

PELLEGRINO, Charles. *O último trem de Hiroshima.* São Paulo: Texto Editores, 2010.

REES, Laurence. *Los verdugos y las víctimas.* Madrid: Crítica Espanha, 2008.

RHEIMS, Nathalie. *O círculo de Megido.* Lisboa: Livros do Brasil, 2007.

RIBAS, Maria José Sette. *Monteiro Lobato e o espiritismo.* Bragança Paulista: Lachâtre, 2004.

SAFRANSKI, Rudiger. *Schopenhauer.* São Paulo: Geração Editorial, 2011.

SAMUEL, Gabriella. *The Kabbalah handbook.* Nova York: Penguin, 2007.

SANDOVAL, Luiz Sebastião. *Aprendi fazendo.* São Paulo: Geração Editorial, 2011.

SARTRE, Jean-Paul. *O ser e o nada.* 13. ed. Petrópolis: Vozes, 2005.

SCHOLEM, Gershom. *Zohar: the book of splendor.* Nova York: Schocken, 1995.

SENNETT, Richard. *O artífice.* Rio de janeiro: Record, 2009.

SHINYASHIKI, Roberto. *Problemas? Oba!* São Paulo: Gente, 2011.

SOARES, Jô. *As esganadas.* São Paulo: Companhia das Letras, 2011.

TARÍN, Santiago. *Viaje por las mentiras de la historia universal.* Barcelona: Libreria Norma, 2007.

Toledo, Irineu. *Feliz dia novo.* São Paulo: Onion Mídia, 2011.

Vogler, Christopher. *A jornada do escritor.* Rio de Janeiro: Nova Fronteira, 2006.

Wattles. Wallace D. *A trilogia do segredo.* Edição comentada por Alfredo Assumpção, Gustavo Cerbasi e José Luiz Tejon. São Paulo: Saraiva, 2007.

Xavier, Francisco Cândido. *Paulo e Estevão.* Brasília: Federação Espírita Brasileira, 1998.

Zylbersztajn, Abram. *Humor judaico.* Rio de Janeiro: Garamond, 2001.

Para ler o código abaixo, baixe em seu celular, smartphone, tablet ou computador um aplicativo para leitura de QR code. Abra o aplicativo, aponte a câmera de seu aparelho ou a webcam de seu computador para a imagem abaixo e acesse mais conteúdo sobre esta obra, que seria impossível constar em um livro de papel como este.

Este livro foi impresso pela
Assahí Gráfica em papel *offset* 90 g.